我的北大之路

王义峰 主编

苏州大学出版社

图书在版编目(CIP)数据

我的北大之路 / 王义峰主编. —苏州：苏州大学出版社,2020.12
ISBN 978-7-5672-3301-0

Ⅰ.①我… Ⅱ.①王… Ⅲ.①高中生-学习方法②高考-经验 Ⅳ.①G632.46②G632.474

中国版本图书馆CIP数据核字(2020)第156834号

书　　名：	我的北大之路
	WO DE BEIDA ZHI LU
主　　编：	王义峰
责任编辑：	方　圆
助理编辑：	冯　云
装帧设计：	刘　俊
出版发行：	苏州大学出版社（Soochow University Press）
社　　址：	苏州市十梓街1号　邮编：215006
印　　刷：	苏州市越洋印刷有限公司
邮购热线：	0512-67480030
销售热线：	0512-67481020
开　　本：	700 mm×1 000 mm　1/16　印张：15.25　字数：205千
版　　次：	2020年12月第1版
印　　次：	2020年12月第1次印刷
书　　号：	ISBN 978-7-5672-3301-0
定　　价：	68.00元

若有印装错误,本社负责调换
苏州大学出版社营销部　电话：0512-67481020
苏州大学出版社网址　http://www.sudapress.com
苏州大学出版社邮箱　sdcbs@suda.edu.cn

顾　问　马　骏

主　编　王义峰

副主编　孟淑梅　方田野　孙　超

　　　　周扬海　朱文柱　杨正宝

　　　　崔　晔　吴雪君　陈佩英

推荐语

　　本书中 12 名北大状元分享了他们成长的经历，家长和孩子可以从中汲取养分，获得各自所需的科学方法和教育智慧。本书中不仅有科学的教育方法、沟通技巧，能够助力家长建立正确的家庭教育观，也有高效的学习方法、良好的学习习惯，能够为备战高考的学子提供借鉴。

——创领袖·大语文创始人　王义峰

　　本书由 12 名北大状元为我们提供了 12 个不一样的学习路径，12 个不一样的育子经验，12 个走向优秀的学习样本。这是一本同小说一样有趣的学习指南，一本同纪录片一样走心的家教手册，一本同教科书一样有效的教育参考书。

——苏州市民办教育协会会长　马骏

　　本书融合 12 名优秀的北大学子的成功之道及其家庭教育的独门技巧，深度挖掘他们背后的经验，匠心制作，给广大学子以可复制的学习之路，已将书剑迎桃浪，激去禹门登最高。

——腾大教育集团创始人　朱文柱

　　希望通过这样一本书，邀请更多的家长参与进来，一起讨论、践行如何做孩子更好的"起跑线"。

——366 教育投资有限公司董事长　周扬海

　　成功从来都是有章可循的，《我的北大之路》给我们提供了通往教育成功之路的经验参考。作为父母的我们应该从中学习总结，引导孩子们走向成功之路！

——江苏阿童目教育科技有限公司董事长　杨正宝

北大是每一个中国学生心中的殿堂，也许我们小时候都做过这样的梦，梦想自己长大了能考上清华、北大。优秀的经验和思想，都值得被传承和学习，所谓"听君一席话，胜读十年书"。希望每一个读到此书的孩子，能从书中获得灵感和营养，成就不一样的人生。

——星昂教育创始人 崔晔

通过阅读本书，家长可以了解到家庭教育对孩子的成才起到了怎样的作用。另外，北大状元们在本书中介绍的学习方法不仅能帮助同学们找到适合自己的学习窍门，还能帮助同学们以更快的速度接近自己的理想！

——全城百日诵读发起人、弘文教育集团创办人 孟淑梅

状元永远是少数，不容易学到，但状元的思维方式、拼搏精神、学习方法是可以学习到的。本书的出版让孩子们有机会走近北大状元，有利于孩子们提早确立目标，树立榜样，提升能力。

——东方教育集团创始人 孙超

学霸的学习方法、经验总结，让孩子们可以更加轻松地面对学习，达到事半功倍的效果。重兴趣、重思维、重心态、重基础，本书集结了所有和学习相关的问题，面面俱到，值得推荐。

——数学派教育创始人之一 吴雪君

启事在教诲，成事在榜样，优秀的榜样是看得见的哲理。书在手中，路在脚下。

——苏州华众文化传播有限公司董事长 陈佩英

《我的北大之路》序

时至今日,高考仍然是绝大多数中国家庭绕不开的话题,高考的成功更是所有考生与家长的共同心愿。这本书是专门为中学生量身定制的普及读本,其中收录了12名北大状元的学习心得及心路历程,字里行间充满了对中学生的关爱之情,也表现出自己对往昔生活的留恋之情。我相信每一位读者都能从书中有所感、有所得,在未来的道路上披荆斩棘。

首先,我谈谈自己的"北大之路"。我很幸运地在2012年考入北京大学,幸运意味着这可能是一个偶然的结果,但偶然背后有着诸多必然的辛苦、磨炼和刻骨铭心的体会。在成长的路上,我曾经是一个坏学生,逃课、打架、泡网吧,样样不落,但后来我变成了一个好学生,成绩从倒数变为稳居省级示范高中重点班前5名,成为家长们口中"别人家的孩子"。我的北大之路最重要的体会和经验是:自身的刻苦努力是前提,科学的方式方法是关键,良好的家庭环境是灵魂。

其次,我谈谈身边的北大学子。从入学到毕业,8年的光景,我认识了成百上千名优秀的燕园学子,其中有很多后来成为各个专业领域的翘楚。虽然他们每个人的地域、专业、家庭背景各不相同,甚至性格都差异巨大,但谈及高考的成功,他们口中的"金科玉律"都是相同的，即越早地探索和培养方法意识，越坚定地按正确的路径前进，就越有可能进入最高学府。每个学生的禀赋和特质不同，但在求学过程中面对的问题，诸如如何合理高效地利用时间、如何调整心态和释放压力、如何有针对性地提升各门科目的成绩、如何处理人际关系等，都是一致的。一般情况下，每个学生处理问题的方式大同小异，就看自己有没有找到合适的方法。

最后，我谈谈参与编写这本书的感悟。实际上，高考的成功都是有迹可循的。燕园学子的成功离不开前进路上前辈们的指点和助力，我自己是这样，这本书中每一位作者也是这样。先是乘凉者，后是栽树人。这是一种传承，也是一种循环。我真心希望，这本书的出现可以让那些努力上进的同学少走一些弯路，尽早地踏上正途。而在实践中，我也收获了满满的感动。一是创领袖·大语文的创始人王义峰先生及其他负责人在编写过程中严谨把关和认真审核，保证了本书在立意、流程和细节上的高品质。这种严谨和认真的态度，和他们多年以来一直做教育的热忱一样，让人安心。二是参与投稿的每一位作者，他们是各自家庭和学校的骄傲，无论是在高中还是在大学，他们都一如既往地优秀。在撰写各自文稿的时候，他们表现出了极大的耐心与细心，没有任何的不满与厌烦。他们温暖的文字让人触动，他们总结的学习方法干货满满。当他们在回顾自己的心路历程时，或许读者们多多少少能看到自己努力奋进的影子。没有人能随随便便成功，而北京大学离你也没有那么遥远。

我相信，这本倾注了很多人心血的书，能够唤醒中学生求学路上迷茫的心，能够让他们看见前人的影子和自己未来的样子。

加油少年，未来可期！

方田野
2020 年 10 月

目 录 Contents

小梦大半　张慧新／1

你好，颐和园路5号　郑佳佳／22

做一个梦想家，圆一个北大梦　郑晏陶／42

人生如逆旅，我亦是行人　孙祥晨／64

登峰造极诚可期，垒山不止即幸福　焦静泊／85

从学堂到殿堂　熊　南／107

人生无处不青山　陈昌媛／124

燕园情，学子心　丁文程／145

阳光洒满未名湖　雷馨雨／165

从城镇乡野到博雅未名　刘梦茹／179

回首：刻骨铭心的青春　荣赛波／196

如果你，也像我一样不甘现状　张　娇／211

张慧新

小梦大半

毕业院校：辽宁省东北育才学校
录取院系：北京大学城市与环境学院
高考成绩：683分（理科，2018年）

在进入北京大学之后，我时不时会回忆起自己的成长经历，那些挫折与迷茫、欣喜与收获交织出的时光仿佛一场梦，恍惚中有一丝不真实。我惊讶于曾经的经历成就了现在的我，也会感叹时光赐予我的蜕变。如今梦醒时分，我发现自己正伫立于魂牵梦萦的燕园，未名湖畔水波荡漾，博雅塔下风光正好，那些年少时做过的梦正在一个个成为现实。

一、"欲买桂花同载酒，终不似，少年游"

我永远记得2018年的夏天，我拖着行李踏入北京大学校门的那一刻，在那一瞬间我突然意识到，自己少年时代的踌躇满志终于有了答案。回过头看，自己好像走了很长一段路。8年的时间，我从一个无名小镇的懵懂孩童，摇身一变成为北京大学的学子，我就这样一步一步，从小镇，到小城，再到省会城市，最终到了心心念念的北京。

（一）从农村孩子到校级学霸——我人生中的转折点

故事要从8年前说起，当时我还是一名读小学五年级的农村孩子，我家是普普通通的农村家庭，父亲母亲都是小学教师，我的学习成绩也还不错。有一天，父亲母亲突然问我想不想去城里读书，接受更好的教育。我那时还小，不明白他们为什么突然严肃地问我想不想转学，只是觉得转学听起来还挺有趣的，能够遇到新的老师和同学，可以试一试，便答应下来。当时的我绝对不会想到，就是这一次"试一试"彻底改变了我的人生轨迹。

在当时，这个决定是很难被周围人理解的，小镇上的人们想不明白：为什么明明可以继续在镇里小学上学，却偏要转去城里读书？我们家是小镇上第一个选择走出小镇去求学的家庭。

自那以后，父亲母亲便开始了在城市与小镇之间奔波，我看着他们一次次地去看房、忙装修、办手续，他们从未说过辛苦，也从未说过对我的期待，并没有对我施加什么压力。但是我明白，他们将对我的期待交付在每次 1 小时车程的颠簸中，交付在每一个晚归的冬夜。

到了小学五年级下学期，我转去了城里的小学。在做自我介绍时，我看着整个教室同学们光鲜亮丽的衣着，再看了看自己土到掉渣的棉衣，内心涌上一股难以抑制的自卑。转学第一天，农村和城市英语教学的巨大差距让我深受打击，面对陌生的同学们，我也难以融入班集体，这些都让我感到沮丧和孤独。少年时不善言辞，只是默默将所有的孤独和自卑化为学习的动力，一心渴望着用成绩来证明自己。来到新班级的第一次数学考试，我考了班里唯一一个满分。

在那时，我突然开始意识到，我是可以做到的。我可以不再满足于小镇里轻而易举就能拿到的第 1 名，我可以用自己的努力去证明我和城里的孩子真的没有什么区别，和城里的孩子站在同一条起跑线赛跑。我可以不断超越过去的自己，让自己再优秀一点。

那时候，我的家里没有电视，也没有网络，但我的课余生活并不无趣，市里的图书馆是我喜欢去的地方，从那里借来的书籍陪伴我度过了每一个放学后的傍晚，我沉浸在书的海洋中，贪婪地阅读着。在楼下的旧书摊里，我还淘到了一套初中数学教材，完全出于兴趣，开始自学初中数学课程。

就这样，在小学度过了 1 年多的时光，我进入了市里最好的初中，初中的我依旧是成绩单上的前几名，最初转学时的自卑已经逐渐消散，但我依旧勤奋、刻苦，永远不满足于当前的成绩。我能把政治、历史、地理、生物四门科目的课本倒背如流，我能在上学的路上拿着英语单词本利用好每一秒等红灯的时间，我也能在月考交卷后胸有成竹地说我一定是全校第 1 名，事实上也的确是这样。

初三时，我开始不满足于在这座小城继续度过高中时光，我想走出这座小城，去外面的世界，去更好的学校，遇到更多强大的对手。因此，在中考的志愿填报单上，我的第一志愿是省会城市的一所高中，那是全省最好的高中之一。

（二）从垫底学渣到年级第2名——我的逆袭故事

中考尘埃落定，我得偿所愿进入那所高中。从小城到省会城市，我离家又远了一步。实验班高手云集，身边的同学都非常优秀。高一上学期，我不适应住校生活，跟不上高中的学习节奏，在期末考试中，32人的班级里，我考了第23名。

那段时间里，我有一点点灰心丧气，也曾经质疑自己是否真正优秀，我在心里问自己："你是否满足于现在的成绩，打算止步不前了吗？"答案当然是否定的。

高一下学期，我依旧在迷茫中前进，学习成绩在班里勉强算是中等。真正的转机发生在期末之前，学校的宿舍规定晚上10点必须熄灯，班里很多同学总觉得学习的时间不够用，正值期末，为了更好地准备期末考试，纷纷申请了走读，并让父亲母亲来陪读。还有1个月就要期末考试了，我看着宿舍里的同学纷纷搬走，最后女生宿舍里竟然只剩下我一个人。我羡慕走读的同学可以不用在晚上10点就被迫熄灯，羡慕他们有更加充足的学习时间，羡慕他们每天都有父亲母亲照顾生活起居，但是我的父亲母亲远在100千米外的小镇，从家里到我的学校就要花上3小时，我怎么忍心要求他们放下手里的工作来陪读呢？更何况在学校附近租房也是一笔不小的费用，我实在不想给他们增添负担。

在那个5月的傍晚，我给父亲母亲打了一通电话，在电话里，我坚定地说，谁说一定要走读才能学习好？就算不走读，我也一定要考过其他同学。

从那之后，我真正改变了。我一改往日松散的状态，最后1个月，这一场战役，我一定要赢。晚上回了宿舍早早熄灯，我没办法学习，只能深夜2点闹钟一响就爬起来；宿舍没有桌子，我趴在床上把书垫在膝盖上学习；我不再仅仅跟着老师的节奏，还买了习题册刷题，及时查漏补缺。就这样，我在只有我一个人的宿舍中刷着题，看过了无数个破晓的黎明，听着窗外的鸟鸣渐渐响起，看夏日清晨的阳光透过玻璃窗照在地上，我翻着手中充满了批改痕迹的习题册，真正感受到了奋斗的充实与快乐。

那段时间，我每一天都觉得自己在飞速地进步，每一天都在充实地度过，那是我高中生活中最为快乐的一段学习时光。

期末成绩出来了，年级第2名。这一仗，我赢了。

从班级倒数到年级的优等生，我成功完成了一次蜕变。我让所有老师和同学对我刮目相看，我用自己的努力证明：即使没有优越的物质条件，即使只剩下我这最后一个住校的人，我依旧可以在宿舍里孤军奋战，把自己的潜力发挥到极限，破釜沉舟，背水一战，让所有人惊艳。

（三）高三，北京大学——心之所向，披荆以往

后来的事情就变得顺理成章，我找到了适合自己的学习方法，成为班里的前几名。再后来，进入高三，日子变得更加紧张且充实，我依旧努力到不遗余力。我开始走读，母亲在学校旁边租了房子陪我，在小小的出租屋里，试卷和习题册渐渐垒成一座小山。我在小小的房间里点着台灯熬着总也熬不完的夜；我开始把自己上下学的步速加快，不浪费一点时间；我在衣服口袋里装上了英语单词本和古文清单，随时随地掏出来背诵；我做完了一本又一本习题册，整理出了厚厚一本错题本；书桌旁的墙上贴着北京大学的明信片，那是我的心之所向。

6月，我走进考场，从容且无畏。初夏燥热，窗外蝉鸣聒噪，我将3年来的点滴付出化为试卷上一行行的工整字迹。我只在乎自己是否努力，无所谓结果。

高考之后，我完全没有休息，立马赶赴北京参加北京大学的博雅考试。考试持续了一整个下午。参与高密度、高强度的考试，我几乎没有时间休息。当我走出考场的那一刻，我自信地对父亲说，我一定能拿到降分资格。

的确如此，考试结果出来了。北京大学的 30 分降分，再加上我发挥略有失常但勉强还算可以的高考成绩，足够令我走向自己梦中的地方。北京大学，我来了。

一直以来，我一直在不断地向前奔跑，我想要变得更好一点、再好一点，我追逐前方的光亮，不知疲惫。可是当我跑了很久之后，停下来回过头看，才惊讶地发现自己居然走了这么长的一段路。从小镇到北京大学，我认为自己是一个平凡的普通人，并非天赋异禀、家境优渥，只是凭着一股不服输的念头，怀着一腔孤勇披荆斩棘，誓要改变自己的命运。

在写给过去的自己的一封信中，我这样写道："感谢你年少时的勇敢与无畏，让如今的我看到了一片不一样的风光。如果你没有迈出第一步，也许我现在只是小镇里的庸人。"的确，我庆幸自己懵懂时做出的决定改变了我的命运，我也无比珍视年少时辗转求学的时光，在一步步离家越来越远的过程中，我学会了独立与自律，收获了成熟与成长。这段"少年游"的岁月，将是我生命中永远闪闪发光的记忆片段。

二、"月明闻杜宇，南北总关心"

无论是小时候全家陪我转学，还是长大后一人在外求学，父亲母亲始终关心着我的成长，他们不仅在意我的冷暖温饱，更关注我的内心世界、情绪起伏。他们用细腻的心陪伴着我成长，竭尽所能为我提供了很多帮助，是我成长过程中重要的引路人。

（一）父亲 4 年半的披星戴月，我悄然长大

从小到大，对我影响最大的人就是我的父亲。在我的印象中，父亲从不是威严且高高在上的形象。在我童年时期，他会经常在下班之

后陪着我玩，陪我一起读书、下象棋；为我买来显微镜教我做简易玻片，带我看显微镜下的多彩世界；为我买来电子积木教我连线路，让小灯泡在我自己的手下发光。在条件相对较差的农村，那些玩具显得格外宝贵且用心。不仅如此，父亲无条件支持我的一切兴趣。小时候，我喜欢看一档美术节目，便希望拥有自己的水彩颜料，可是又觉得太贵，不好意思和父亲提要求。等父亲出差回来时，他手里提着的袋子沉甸甸的，我打开一看，正是我梦中的水彩颜料。

可以说，我所有的兴趣和习惯，都离不开童年时期父亲对我的启蒙和培养。从小学到高中，我的理科思维都是班里数一数二的，数学、物理等学科我都学得很轻松，解题时我经常可以发散思维，总是能想出不同的解法。因为父亲从不限制我的想象，还鼓励我多思考、多尝试。从小到大，我一直保持着热爱读书的习惯，小说集、散文集、科普书，各类的书籍我都读得津津有味，从图书馆到旧书摊，周末时我徘徊于这些地方久久不愿离开，广泛的阅读量给予我深厚的文学素养，也让我的作文在同龄人中格外突出。这也要感谢父亲在我小时候就带着我阅读，让我对书籍一直保持着浓厚的兴趣。

回想过去，我很感谢父亲在当时做出让我转学的决定。在小镇上，在那个家长并不是很重视教育的年代，父亲做出的决策是前所未有的。回忆起转学的细节，让我最为感动的是，自始至终父亲都是以一种平等的语气来认真征求我的意见，询问我是否想转学。在年少时收获的这份平等的沟通权与自由的选择权，让我感受到了自己是被父亲当作大人来对待的。正因为最初体会到的这份平等，在转学之后，我更加迫切地想成为独立的大人，来分担父亲的重担。

转学后的日子，对父亲母亲而言也是一个新的挑战，家里没有买车，来往小镇和城市只能靠固定时间发车的小客车，单程就需要1小时的车程，下了车还要走20分钟才能回到城里的家。为了节省精力，平时周一至周五都是父亲晚上回城里陪我，母亲一人住在小镇的家里，到了周末，我们一家三口才能团聚。父亲白天在小镇的学校上班,晚上又坐着长途客车回到城里,为我做晚饭,照顾我的生活。第二天清晨,父亲需要很早起床,匆匆忙忙赶早班车颠簸1小时去上班。我的印象非常深刻,冬天的早上,起床时外面还是漆黑一片,我揉着惺忪的睡眼,看着父亲从厨房里端出早餐,我坐在餐桌旁,看着他一边看时间一边快速吃早餐,匆忙拿上公文包准备去上班,看着他在门口穿好鞋子回过头嘱咐我帮忙把碗筷刷了,然后听着他的脚步声快速消失在楼道里。我一个人吃完刚刚吃到一半的早餐,把碗筷收拾好。外面的天还是像墨一样漆黑,距离上学还有好长一段时间,我翻开书,心里想着父亲赶的早班车此刻该开到哪里了,然后外面的天才渐渐亮起来。

正因为在小小年纪就意识到父亲母亲的辛苦,我从小就比同龄人更成熟一些,那些记忆中并不轻松的片段压缩进成长的缝隙,将我催成懂事的大人。我自己去上学、放学,自己在家里安静地写作业等待父亲下班回来,帮父亲做家务,生病了自己找药吃。上高中开启住宿生活的时候,身边的同学惊讶于我的独立与体贴,却不知这是小时候那些时光赐予我的宝藏。

步入初三时,我执着于省会城市那一所重点高中,不仅仅是因为它拥有优越的师资条件,还因为它是一所住宿学校。我看着父亲4年半以来在通勤车上每天2小时的颠簸,看惯了他每日披星戴月的往返,那时候我一直在想,如果我考上了那所学校,父亲就不用每天在小镇和城市之间往返,他就可以不用那么辛苦了。带着这样的念头,我埋头于试卷中,不仅仅是为自己,还是为了父亲母亲。少年时意气风发,将稚嫩的愿望藏于心中不予示人:我愿用自己单薄力量去改变命运,保护身边所爱之人免于世事纷扰。

也许是因为初三的我真的很努力,中考时我发挥得还不错,那一年重点高中在我们市招了8个人,我排第3名。

(二)母亲默默地陪伴是我最大的心安

上了高中,我离父亲母亲就更远了,学习的压力也越来越大。在住宿生活中，冷暖温饱、喜怒哀乐全靠自己照料自己，学习忙的时候，几天才能有时间给家里打一个电话。在那段时间里，我意识到自己缺乏和父亲母亲的沟通，许多在学校发生的事情没有机会分享给他们，许多情绪也只能靠自己排解。到了高三时，为了让我有一个更好的复习环境，也为了更好地照顾我，父亲母亲决定在学校旁边租房，那时母亲刚做完手术需要调养，就向学校申请了休假，来到我身边专门陪读。

整个高三生活，我都是在母亲的陪伴下度过的。她专注细致地照料我的衣食起居，陪着我见证了我成绩的起伏波动，安慰我度过了一次次失意，又时刻提醒着我不要满足于当前的成绩。可以说，高三那年，母亲对我的帮助不亚于一位好老师。

高三的压力很大，成绩起伏是难免的事情，在高三下学期的时候，我的模考成绩十分不稳定，甚至考过班级十几名，这样的排名若想考北京大学几乎是不可能的，但面对这样剧烈的成绩波动，我依旧能不急不躁，保持良好的心态，始终埋头静心学习，这和母亲为我营造的氛围有很大关系。母亲每天陪在我身边，几乎从不主动问我的考试成绩，也不在学习上为我施压，不会将我与其他同学做比较，更不会因为我一次考试失利而责备我。她只是每天都体贴地照顾我的生活，中午做好丰盛的饭菜等我回家，晚上下了晚自习在校门口接我回去，在我复习到很晚的时候为我端来一杯热牛奶。她的举动让我感到一种心安：我只需要专心做好自己的事，日复一日地努力学习，而结果相比之下就没那么重要了。正是因为母亲这种从容不迫的态度，我才能在高三备考的过程中保持平和的心态，专心复习。

母亲来陪读不仅仅是负责我的一日三餐，还是纾解我压抑情绪的益友。晚自习下课之后，母亲会接我回家，路上我会和母亲聊一些学校里发生的有趣的小事。这也是一种放松与排解。当我觉得压力过大的时候，会主动选择向母亲倾诉，她不会同我讲人生大道理，而是从我的角度看问题，真正理解我的感受，并用生活中的小小事例来让我真正产生共鸣，从而缓解我紧张的情绪。我印象最深的是，高考倒计时变为一位数的时候，我难免有一点焦虑和畏惧，那时我总是控制不住地胡思乱想，担心自己考试时发挥失常，晚上睡觉时也失眠得很严重。在餐桌上我和母亲聊天，母亲用一种很平常的语气和我说："我觉得，这个高考复习的过程特别像十月怀胎，母亲在怀孩子的时候，一直在希望自己能有一个聪明的、漂亮的小孩。可是真正要生产的时候，她只希望这个孩子健健康康就好。高考也是这样一个过程，可能在备考的时候你会有各种各样的期望，你想要数学考满分，你想要考入自己理想的学校。但是到了真正要上考场的那一刻，将高考这件事情完成，并为高中的学习生涯画上一个句号，这就已经是最大的胜利了。"细细品味，母亲的话中有一种从容的力量，我调整状态，继续查漏补缺、认真复习，一直到高考的前一天晚上，我依旧在专注地看书。

现如今，我已经远离了父亲母亲一人在外求学，但是父亲母亲将他们待人接物的温暖细腻、面对人生的从容不迫全然融入我的性格，是他们让我成为更好的自己，让我能够勇敢地大步往前走。我知道，无论我走多远，身后总有一束牵挂的目光。

三、"吹灭读书灯，一身都是月"

回忆起高中时光，我最怀念的其实是学习生活，因为在这3年中，我重新摸索出一套适合自己的学习方法，不只是一味地埋头苦学，而是有反思、有调整。在这个过程中，我真正享受到了学习的乐趣，这种收获知识的纯粹的快乐构成了我学习生活的底色。

（一）反思——学霸必备品质

在我考上北京大学之后，很多学弟、学妹来问我学习的秘诀，我没有急于告诉他们该怎样去做压轴题、怎样去提高语文作文的分数等具体的学习方法，而是向他们介绍了我学习的秘诀——反思。

"反思"，这个词看上去容易，实际真正做到的同学却是少之又少。我认为，学习最重要的过程就是自我认知，建立一个清晰的自我认知远比那些具体的学习方法重要。在学习的过程中，我们很有必要及时去反思自己的情况：我现在在哪一学科、哪一模块存在不足？这种不足具体是什么类型的？是基础知识不扎实、练习偏少造成的解题不够熟练，还是在考场上缺乏时间管理能力？我相信，每一次考试和作业都能反映出一定的问题，比成绩更重要的是从中看到自己暴露出的问题。而针对这一类问题，我们又计划用什么方法来解决？基础知识不扎实，就重新翻看课堂笔记，巩固好知识点再去做题，不要急于做很多题目；练习偏少，可以加强这个专题的习题练习；考场上缺乏时间管理能力，时间分配得不好，总是答不完卷子，可以自己来计时做成套的试卷，感受自己的答题速度，适当调整自己的答题顺序和答题策略。每一种问题，都可以找到与之相对应的快捷、高效的解决方式。这个反思的过程，如同在航行前先摆正航向，只有正确、清晰地认识到自己的问题，才能有目的性地改正问题。

在高一的时候，我还没有这种经常自省的习惯，那时只是看着其他同学每天刻苦地学习，我也不甘落后，想让自己学习的时间超过其他同学。正因为有这样的想法，我每天都学得非常辛苦，午饭和晚饭都不去食堂，坐在座位上啃着面包刷题，习题做的也不比其他同学少，可是一直没有什么进步，依旧是成绩平平。

到了高一下学期，我看到其他同学在完成作业后做自己的习题册，也有点想买习题册，可是买回来了之后一直没有时间做。直到有一天在柜子里翻到了那本空白的习题册，我才意识到，原来之前自己一直在埋头苦学，做了不少无用功。那些刷过的题，都只是流于过程，是追逐题量的无意义的竞争。虽然题目做得越多越好，但是我并没有从那些做过的题目中收获到什么，再做一次，还是会犯同样的错误。

就在那个时候，我意识到，学习的过程中，避免做无用功是非常重要的。无论是刷题、翻看笔记，还是看参考书进行自学，这些不同形式的学习，最终目的都是为了我们的提升与进步。如果只是追求数量而不顾质量地去学习，永远不去思考这个学习任务对自己而言是否有意义、有怎样的帮助，那么学习永远只会是一件辛苦、劳累而不见成效的事情。

（二）我的"秘密武器"——和时间赛跑，整理错题本

当我意识到学习的核心思想是及时反思、不盲目努力之后，我的学习就轻松了许多。在高一下学期，我自创了一套高效学习方法，再加上我开始整理错题本，依靠这两大"秘密武器"，我在期末成功完成了从班级倒数到全校前 10 名的逆袭。

我的高效学习方法，就是和时间赛跑。例如，晚自习的一节课是 1 小时，我会在上课之前计划一下这节自习课要完成哪些学习任务，这些学习任务一般都是很小的模块，完成起来没有太大压力，诸如这个时间我可以做 2 页化学习题，做 3 个英语阅读题。我会根据自己平时写作业的速度为每个任务做一个时间表，这个时间表要有一定的挑战性，需要自己集中精力、提高效率才能在规定时间内完成任务。这些任务一个接一个，将整整 1 小时分成环环相扣的几个部分。当自习课开始时，我就进入了一场和自己的比赛，我会努力在每一段规定的时间内完成相应设定的任务，这需要我保持非常专注的状态，并努力提高准确率。如果我提前完成了某一个任务，我会把自己"赢得"的时间准确记录下来，这多余的几分钟可以用来为后面可能没在设定的时间内完成的任务延时。如果所有的任务都完成后，这节自习课还有一点时间，这说明在这一轮的学习中我"跑赢了时间"，我就会奖励自己稍稍放松一下，用剩余的一点时间读一篇自己喜欢的散文。

这样的利用时间的方法显著提高了我的效率，之前我在班级里写作业的速度不是很快，但是在我创造了这套高效学习方法后，当全班

同学还在写着老师布置的作业时，我早已完成了课内作业，开始了自我学习、查漏补缺的环节，而且在学习的时候我能够始终保持一种大脑高速运转、注意力高度集中的状态，完全不会分心走神。在这种积极的压力下，我对知识的理解和运用相比过去也明显进步了。每节1小时的自习课，我都过得非常充实快乐，学习似乎变成了游戏，能够从中收获战胜自己的成就感。

我的另一个"秘密武器"就是错题本。也许有些同学会觉得错题本太麻烦、没效果，明明整理了很多错题，但是成绩还是没有进步。我认为，这是因为没有掌握正确整理错题本的方法。错题本整理什么题目？并不是所有做错的题目都要整理。那些典型的、暴露自己知识点漏洞的题目值得我们整理，那些由于自身疏忽而导致计算错误的题目就不必浪费时间来整理了。此外，错题本是方便自己日后翻看的，不必拘泥于形式与整洁度，只需做到清晰即可。整理错题本不是简单地将错题抄写在本子上，而是要琢磨解题的思路、归纳解题的方法，从一道题目中看出考查的知识点、题目设计的逻辑。更重要的是，错题本是常看常新的，整理好之后一定要经常翻看，并把自己新的思考及时标注进去，这样才能将错题内化为自己的知识储备。

总而言之，错题本是一本集合了我们自己易错知识点的本子，这不同于任何市面上的参考资料，这是我们为自己量身定制的学习资料。因此，用心整理错题本是很有必要的。

以我为例，我整理得最好的错题本是一本数学错题本，这本错题本收录了我在高三那年整理的全部数学错题。我对这本错题本非常熟悉，它在高三那年被我翻得纸张都已经卷边了，我甚至能记住里面许多题目所处的位置和自己当时写的评注。这本错题本对我的学习起到了非常大的帮助。当我遇到一道数学题，在审题的时候，通常把题干读到一半，就能够迅速知晓出题人的意图：他想要考查什么知识点；这个知识点可以在哪里设下陷阱；哪里是大家普遍容易失分的点；我之前在这类题目上犯过什么错误；需要注意什么细节。再接着读下去，我会发现自己的预判得到了验证。有时候，我还会判断这道题出得不够巧妙，不如之前遇到过的某一道同类型的题目精彩，可以怎样修改这道题来增加它的难度。在这本错题本的帮助下，我的数学成绩一直保持在145分以上，高考时也拿到了148分的成绩。

（三）各学科学习方法介绍

介绍完了我的两个"秘密武器"后，我想再和大家分享一下自己的学习方法。在这里，我想强调的是，学习方法没有好坏之分，只有是否适合自己之分，所以大家完全不必拘泥于照搬状元的学习方法，一切以适合自己为最高标准。

语文学习重在积累。一时的突击准备无法解决语文学习的根本问题，因此在高一、高二的时候，就有必要拿出时间来练习和积累，只有拥有深厚的语文素养，才能在高三厚积薄发。语文学习是细水长流的过程，切忌急于求成。接下来，再说一说我的一些具体方法。一是养成随时锻炼思维的习惯。在平时，看到一条新闻、一件身边发生的小事，我们都可以去思考：怎么来评价这件事？换了我会怎么做？这件事情有怎样的意义？在高考语文考试中，重要的是体现出我们的思考与权重。而在生活中拓宽思维的广度，会让我们的观点新颖且有深度。二是分类归纳，系统总结。语文是一门体系很强的学科，模块明显、易于归类，从同一类的题目中可以总结出固定的模式，并在答题时结合不同题目的特点灵活运用。在日常学习中，可以把同类知识集中整理，诸如诗歌鉴赏、成语、文言文等模块，这样便于翻看与总结。三是书写工整，规范作答。工整的字迹在语文考试中尤其重要，在平时就应该有意识地去练字，也许写一手漂亮飘逸的字很困难，但是写得工整一定不是难事。做简答题时还要注意规范作答，分点标号，明确写出得分点，尽量减少涂改，这样有助于自己理清思路，也便于阅卷老师找到得分点。

数学学习重在建立自己的知识网络。高中数学知识体系看似复杂、庞大，但是只要细细梳理，就能发现各个模块之间存在着联系与逻辑。一是要掌握教材上的基础知识。很多同学不重视教材，但是实际上教材中有许多值得我们仔细琢磨的概念和性质。考试就是在考查我们对于这些概念的理解与运用，只有保证自己对教材上的基础知识有一个准确无误的理解，才能灵活应对各种变式的习题。二是要培养自己的数学思维。在数学题目中，有许多巧妙的思维，诸如数形结合、对等原则，这些思维需要同学们在做题的过程中用心体会，感受题目中暗含的辩证思维。这些抽离了题目本身的思维方式可以帮助我们灵活应对陌生的题型，以不变应万变。三是要培养良好的解题习惯。用四个字来概括，就是"慢审快答"。审题时要谨慎认真，理解每个词语的意思，并用记号标注出重点信息，理清题意之后再进行作答，答题时则可适当加快速度，将刚刚获得的信息快速整合，进行作答。在答题时，也要注意公式正确、过程清晰、逻辑连贯。

英语学习重在培养语感。坚持每天背英语单词、听听力，可能在短期内看不到成效，但是长期坚持下来，这些积累在潜移默化中可以提高我们做题的准确率，这就是我们所说的英语语感。我上高三后，每天在餐桌上循环播放《新概念英语（第三册）》的听力，听了2个月之后，我发现自己做阅读理解和听力的正确率显著提高了。此外，英语学习应该脚踏实地，打好基础：熟练掌握英语单词的含义、用法、变形；认真学习语法，梳理出语法体系；做阅读练习，增强自身阅读长难句、分析文章结构的能力，这些基本的练习都是非常有必要的。很多同学认为英语简单，但是英语成绩一直不太理想，这是因为他们学习英语总是3分钟热度，难以做到每天坚持。平时就有必要制订计划，把任务细化到天，保证每天花一部分时间学习英语，维持自己的语感。

物理学习在本质上是由三部分组成：概念、定律、模型。一是要掌握概念和定律，理清每个定律的限制条件和对应的物理实验，然后运用这些概念和定律来构建模型，分析和解决问题。二是要构建模型，这一部分在物理学习中尤为重要：如何从题目中抽取有用条件，构建合适的物理模型，直接决定着我们能否正确分析物理情境、解出答案。在学习物理的过程中，我认为重要的就是学会画图，物理是高中所有学科中最依赖图像的，画出正确的图像是解物理题的第一步。物理题中的图像分为两种：坐标图和实物模拟图，将两种图像结合起来理解，能够锻炼我们的思维。无论面对条件多么复杂的题目，我们先要理清物理概念形成的过程；然后确定每一个状态的切换点及在切换点对应的物理量，进而把复杂的过程分段，使之清晰化；再画出相应的图像来强化理解；最后通过物理模型，列出方程组求解。只要按照这个步骤去解题，并养成良好的解题习惯，逐步进行分析，无论多么复杂的题目都能迎刃而解。

化学是一门知识点多且琐碎的学科，因此在学习的时候尤其应当注意细节，诸如化学反应的条件、试剂量及配比、工业流程的步骤等。学好化学，需要我们具备提出问题和解释问题的能力：这几种物质发生了什么样的反应？为什么某一种物质在反应中做氧化剂？如何判断氧化性的强弱？在学习时经常向自己提问，可以让我们把细碎的知识联系起来，加深自己的印象。此外，画思维导图也是学习化学的一个好方法，通过思维导图来梳理知识体系，在各个模块之间建立联系能够帮助我们理解。在做化学题时，审题尤为重要。例如，当我们遇到体积分数、质量分数，以及分子式、电子式、结构式等，容易混淆的关键词时，要注意勾画出这些关键词，便于我们解题。

生物学习重在教材。生物教材就是重要的资料，书上的每一个定义、每一幅插图都值得我们仔细琢磨，便于我们在理解了学科名词、专业术语的基础上进行记忆。我在高三时，把生物的教材翻来覆去背了7遍，到最后书页都已经卷曲了。记住了基本的名词和概念之后，学习的重点就是生物学规律，大家需要注意知识体系中纵向和横向两个维度的线索，建立知识间的内在联系。例如，关于DNA，我们会在绪论、组成生物体的化合物、生物的遗传和变异这三个模块中学到，但是每个模块所学的内容都有所侧重，因此将这三个部分联系起来思考,能够让我们对 DNA 的知识有新的体会。

高中的学习生活虽然辛苦枯燥,但是让我收获颇丰。在这 3 年的刻苦学习中,我增强了自学能力,养成了良好的学习习惯。在我步入大学后,这些收获依旧伴随着我,让我在班级里取得了第 2 名的好成绩,并拿到了奖学金。正是高中时那些在台灯下苦读的温柔夜晚成就了现在的我,让我变得优秀。有时回想起那些高三熬夜的日子,我会为解出一道难题而激动,会为掌握了一种新的思路而开心,夜深时望向窗外,万籁俱寂,月色温柔。

四、"眼底未名水,胸中黄河月"

(一) 在北京大学的 2 年,我如何度过?

进入北京大学之后,第一次听到《燕园情》这首歌是在开学典礼上,"眼底未名水,胸中黄河月"这句歌词让我深受触动:身在燕园,我们眼前看到的是未名湖的湖水;身为北京大学学子,我们胸怀天下,心中关注的是中华民族的命运。这悠扬的旋律久久回荡在我耳边,让我不禁去思考,这 4 年,我想成为一名什么样的"北大人"?

如今,我的大学生活已快过半,我也一直在用行动去回答这个自入学起就摆在我面前的问题。

第一,成为一名求知若渴、努力勤奋的"北大人"。自入学开始,我就一直在学习上对自己严要求、严管理,课程作业力求做到最好,每次课堂小测验也认真对待。周末的大多数时间,我都是在图书馆里度过的,从图书馆开门一直学到闭馆音乐响起才离开。我会为了一门通选课的论文去认真查找古籍,也会为了一次小组作业亲自去实地调研考察。我深知周围同学们的优秀,因此更加不敢松懈,更加努力刻苦。在我的努力下,大一时,我的绩点排在班级第 2,我也成功拿到了奖学金。

第二，成为一名爱好广泛、勇于尝试的"北大人"。上大学之后，我不想做一名只知道学习的"书呆子"。学校为我们提供了丰富的资源，校园内经常会有各种各样精彩的活动，于是，我积极参与各类丰富的活动：在闲暇时，我会抢票去百周年纪念讲堂听音乐会；在学校的"百团大战"社团招新中，我加入了公益社团，积极参加公益事业；我还加入了校学生会的文艺部，参与了校级大型活动"十佳歌手大赛"的筹办工作。在决赛时，我在邱德拔体育馆看着满场的荧光棒，真正为自己参与了这一场盛大活动而感到骄傲和自豪。在2019年，我还加入了北京大学官方微博、微信平台，成为一名校内编辑，我参与选题、编写稿件，看着官方公众号发出的推送文章署上了自己的名字，拿到了人生中的第一笔稿费。在北京大学，我尝试了许许多多之前从未想象过的事情，也逐渐发现了一个不一样的自己。北京大学从来不会定义一个人，也不会为任何一个人设限，在这里，你可以勇于尝试所有你不了解、不擅长的事情，北京大学就是这样一个自由、包容的校园。

第三，成为一名自律自省、严谨专注的"北大人"。在大学，我们面对着各种各样的诱惑，有些同学没有了老师和家长的约束，开始沉迷电子游戏，有些同学睡到中午才起，早上的课能翘则翘。但是，我始终坚持着极度自律的生活，每天早起，作息规律，饮食健康。我还养成了每天健身1小时的习惯，坚持了1年后，我已经拥有了漂亮的马甲线。当自律成为一种习惯，我们就已经战胜了大部分人。此外，我还保持着高中时期经常自我反思的习惯，我经常会反省自己哪件事做得不够好、怎样去改进，这种自省让我更加清楚地认识自己，鞭策着我在生活中不断地完善自己。当然，上大学之后我并不只是关心个人的提升与进步，我更希望去做一些对社会有益的事情，用自己的行动去书写一名"北大人"的责任与担当。于是，在暑假时，我报名参加了"教育改变家乡"乡村教师支教活动。在活动中，我作为一名志愿者，努力协助活动顺利进行，并负责运营支教活动的公众号。在这里，我看到了来自全国各地投身教育事业的乡村教师，我和他们一起聆听北京优秀教师分享的教学经验，与他们进行沟通，了解他们的内心世界，并写出了一篇篇报道活动进展的精美短文。在活动结束时，我听着老师们分享自己的收获、交流自己的教育理想，看到了自己也能为改善乡村教育水平而做出的一点贡献，体会到了自己身为一名"北大人"的责任与担当。

（二）进入北京大学，然后呢？

诚然，进入北京大学之后的生活一开始并不是很顺利。在刚入学的时候，我看到身边的同学有着各种各样的特长和爱好，无论在哪一个方面都会有远比自己优秀的人，我感到了一种强烈的落差。在那段时间里，我陷入了一种自我封闭的状态，我不愿意在课上发言，担心自己的表现不如其他同学，我也不愿意参加各种活动，因为身边比我优秀的同学太多了。于是，我开始反思，在心中问自己：进入北京大学，然后呢？你满意自己的现状吗？答案是否定的。进入北京大学绝对不是我人生中的光辉时刻，北京大学只是一个更高的平台，而不是结果。没必要留恋自己已经达到的成果。现在，我需要再次出发，继续迈入下一阶段的旅程。

面对陌生的专业知识，面对全新的学习领域，我选择了默默地付出。虽然我有过因为做不出高数题目而在天台崩溃大哭的时刻，也有过写不出一份逻辑清晰的专业课论文而气馁的时刻，但是我相信勤能补拙。我可以为了和同学们讨论一道高数题目而错过晚饭，也可以为了练习英语口语在走廊里把一段文章翻来覆去地朗读。当我在高数考试中，在400人的班级里取得前10名的成绩时，当我在英语课上流利地演讲时，我才意识到，原来我也不是很平庸。这个园子里有很多天赋异禀的人，他们各有各的光芒，但更多的是刻苦努力的人，他们也许不够优秀，但从未停止过努力的步伐。比起听从命运的安排，承认自己生来平庸，我更愿意用时间来证明，我可以拼尽全力把事情做到最好，也可以成为发光体。

现如今，我的大学生活已经过半，身为一名城乡规划专业的学生，我希望自己在未来努力学习，提升自己的专业素养，努力考上本专业的研究生，继续深造。小时候，我亲眼见到自己生活的乡村和小城市在交通、居住等诸多方面存在着不足，因此长大之后，我更加希望自己能够成为一名规划师，为建设更好的城市、打造宜居环境而努力。

在园子里待了2年，见过了未名湖畔的明媚春光，也见过了燕园大雪纷飞的壮美，我早已不是刚入学时因为自己和他人的差距过大而偷偷抹眼泪的小孩，我开始端正心态，正视自己与这个园子里其他人的差距，接受并承认他人的优秀，并将他人的优点化为自己前进的动力。我相信每个人都有自己擅长的领域，都能成为某一领域的专家，不必一味追求所谓的第1名，凡事只求尽力，无畏结果。从此，我待人接物的视角发生了变化：我学会了尊重人与人之间的差异；学会了客观、理性地看待事物；学会了换位思考，时刻关注他人的感受；也学会了自己排解压力、调整心态，在焦虑的时候放下任务，一个人去未名湖边散散心，或是约上朋友聊聊天，而不是自己消化所有负面的情绪。

我享受这个园子带给我的一切，喜悦、挫败、难过、不甘，在这里经历的所有情绪都是如此真实而深刻，这些经历都是我珍贵的宝藏。我之所以如此热爱这个地方，是因为北京大学从来没有试图将我们雕刻成什么形状。是她教会我思想自由、兼容并包，是她让我明白成功的路不只有一条，每个人都可以成为自己的英雄，是她让我经历无数次挫败，也是她让我在挫败后永远没有放弃向上的挣扎。她让我无比接近生命的真谛，让我更加坚韧而有力量，也让我在认清生活的真相后，依然热爱生活。

《燕园情》那熟悉的旋律已经陪伴我度过了2年的大学时光，"眼底未名水，胸中黄河月"这句歌词一直鞭策着我不断努力成为更优秀的自己。入学时的问题总会出现在我的脑海中：我想成为一名什么样的"北大人"?未来,还有很多时间来让我回答。

讲到这里,我的故事已经接近尾声。我一直很喜欢苏轼的一句词,"休对故人思故国,且将新火试新茶。诗酒趁年华"。是啊,诗和酒这种美好的事物,我们都该在最好的时光去享受。在年少时,就是要大胆做梦,不惧一切地放肆奔跑。如今,我年少时那些闪亮的梦大多已经变成现实,在未来,有更多、更大的梦想等着我去实现,我会继续逆风前行,披荆斩棘,勇敢地做自己的英雄。

 随笔感悟

> 回顾自己的成长过程,我从无名小镇的懵懂孩童通过一步步努力成为北京大学莘莘学子中的一员,这其中有父母的陪伴与引导,也有我自己总结的各种学习方法和经验。进入北京大学之后,我也一直在不停地思考着自己要成为什么样的人。因此,我想讲出自己的故事,讲给自己听,也讲给你们听。

小梦大半

郑佳佳

你好，
颐和园路5号

毕业院校： 海南中学
录取院系： 北京大学生命科学学院
高考成绩： 海南省第 20 名（理科，2016 年）

一、是结束，也是开始

2016年6月9日下午4点，考试结束的铃声终究还是响了。不早，也不晚。

我放下了笔，呆呆地看着监考老师收走面前那份不知道被我检查了多少遍的试卷和答题卡，然后默默地收好自己的东西，走出了考场。

我轻轻地看了一眼这个见证了我高考历程的小教室，然后头也不回地冲进人流。考完后，班里的同学们在一个多媒体教室里小聚了一会儿，就开始相互道别。

那天，阳光很好。和往常月考结束一样，我一个人坐在教学楼的台阶上，看着门口焦急等待的家长们心满意足地离去，才终于意识到，高考结束了。

曾经在脑海中想过无数种庆祝这一天的方式，但在真正面临这一天的时候，却发现自己的内心平静得不能再平静。没有和同学们狂欢，没有躺在床上追剧到天亮，也没有在游戏世界里大战300回合。最后选择的庆祝方式，也只是站在学校的状元广场上，看着天空一点点变暗，在和蚊子的斗智斗勇中，享受着人生中难得的、纯粹的、没有一丝杂念的无忧无虑的时刻。

就这样，经历了高考的我，告别了熟悉的高中生活，开始了新的征程。

（一）家，出发的原点

父亲母亲说，他们做梦也没有想到，他们的女儿可以进入传说中的北京大学，他们也因此成为"别人家的父母"。在我眼中，他们都是普通的父亲母亲，只不过在我的成长过程中，他们倾注了近乎全部的心血。

在从小到大的记忆中，母亲一直是个很温柔的人，她的怀抱似乎有着无限的魔力，能够融化无尽的委屈和无穷大的困难。而父亲，则穷尽了工作之外的时间来陪我长大。

在计划生育推行的时代背景下，我们这一代的绝大多数都是家里的独生子女。我也不例外。但幸运的是，我从来不是一个人成长。

父亲母亲都是从农村里出来的。爷爷奶奶和外公外婆家里的条件并不好，而父亲是他们兄弟几个中学习成绩最好，也最有可能走出农村的人。所以当年，我的叔叔伯伯们为了供父亲读书，放弃了自己上学的机会。就这样，父亲考上了大学，提供给我现在的生活条件。为了感谢叔叔伯伯们的付出，父亲把我的哥哥姐姐们都接到了我们家。所以我一直在一个大家庭中长大。每天可以和哥哥姐姐们分享在学校里的收获，也会在他们旁边静静地看着他们做题，还会求着他们给我讲学校里发生的事情。可能也正是因为在这样的环境中成长，我知道了什么是责任，知道了什么是分享。

（二）早得不能再早的启蒙教育

父亲是个老师。我们住的地方，就在父亲工作的学校里面。母亲告诉我，当我刚学会坐起来的时候，父亲就在家里的墙上贴满了各类挂图和识字卡片，而他只要不在上课、开会，就会冲回家抱起我，对着连"爸爸妈妈"四个字都叫不利索的我一遍又一遍地念着墙上的字，认着一张又一张图。

我一天天长大，墙上的字不知道换了几轮，他们也不知道这个过程持续了多久，不过结果似乎令他们欣喜。渐渐地，我从一开始的哭闹不已，变成能够安静地听父亲讲每一句话，从一开始的心不在焉变成专心地看着父亲指向每一个字，从一开始的全身心抗拒变成开始接受这个似乎有些枯燥但其实还算有趣的过程。后来，走在路上的我总是能快速地认出广告牌上还算复杂的字，突然背出几首简单的诗，突然说出几句还算有逻辑的话。

大概是因为我从小就对游乐园之类的场所没有什么兴趣，所以不知道从什么时候开始，每周去一次书店成了父亲和我之间的约定。每周日的早晨，母亲会在我的小书包里塞满一天的干粮，父亲会牵起我的手，和我一起去书店待上一整天。

那时候，没有那么多的网络资源，也没有那么多的电子设备，而书店里的书也不会像现在这样被塑封起来。我和父亲通常一待就是一天。父亲会把我一个人扔在儿童读物专区，然后自己跑去楼下的音乐书屋钻研各种乐谱。很多时候，只要他一看五线谱，就会忘记时间，也会忘记我的存在，大概只有在他饿了的时候，才会想起放在我背包里的食物。我呢，反正也没人管，自然也就想看什么就看什么，想看到什么时候就看到什么时候，只要看到喜欢的书，就会一把抓过来，找个没有人的角落静静地翻看着。书店里可供阅读的位置实在是竞争激烈，所以安静的角落成了我的最爱。而父亲，也顾不上问我这一天都看了什么书。有时候一天结束，实在看不完的书，或是实在很喜欢的书，就会买回家。就这样，也不记得这些周末都看了哪些书，只知道书店里还没看的书越来越少，只知道家里的书放满了一个又一个书柜。

（三）走在黑白键上的路

对于我而言，成长的道路上除了看书、学习，练琴也占据了我的大部分时光。而在这些时光里，父亲母亲对我倾注的爱不计其数。已经不记得我是怎么开始踏上学琴之路的，或许是因为从小就对音乐表现出了强烈的好奇心，或许是因为父亲母亲发现了我确实有学音乐的天赋，于是我开始了一段学琴的旅程。

每一个学艺术的孩子都知道，练习、上课是这段学习时光的常态。老师家和我们家虽然离得不远，但需要步行不少的路，然后再转公交，整个路程大概需要1小时。每次上课，父亲都需要背着装有各种乐谱的大书包，和我一起走。后来，因为要等的公交车每次都不会准点到达，父亲就开始骑自行车送我。从我们家到老师家的路，我们走了6年。无论去哪里，父亲都会尽量陪着我。人生中第一次重大的比赛，是代表海南省参加在北京举行的全国考级优秀考生展演。那时候，我只有8岁，和父亲一起飞到一个陌生的地方，在不熟悉的环境中练琴，面对全国各地的高手和国家级的评委，整个人都处于一种高度紧张的状态。不过我在父亲的陪伴下还是很快平静下来。虽然知道自己的实力相比其他选手还是有差距，我依旧每天很努力地通过练习去缩小这些差距。虽然父亲在看足球比赛的时候经常猜不准哪个队会赢，但他总能准确判断出我参加比赛的形势。只要他觉得我发挥得不错，结果就真的还不错。他陪我参加了很多场比赛，他的判断也从来没有失误过。所以比赛的时候，我会习惯在比赛前听他的鼓励和认可；在台上演奏的时候，会感受他在后台的温暖目光；鞠躬谢幕时，会和他满意的眼神对视。

虽然身边的人总是会说，我已经长大了，有些事情完全可以让我一个人去完成，父亲这样的陪伴，似乎不利于我自理能力的培养。但父亲和我都认为，这种陪伴并不是无条件的宠爱和照顾，只是共同成长的见证。对父亲而言，他知道我会越走越远，他能做的事情也会越来越少，所以他会尽可能地参与我的成长过程中，去见证我的每一点进步。这件事情带给他的满足感，远远大于工作带给他的满足感。对于我而言，父亲的陪伴也是一件很重要的事情。我不是被无条件地宠爱，而是享受着他的爱与陪伴，去做好每一件事情。

二、荆棘中开出的玫瑰

父亲母亲的庇护并不会一直陪伴着我们，离开了家，我们还需独自走过更多的路。

追梦路上，看似阳光灿烂，鸟语花香，但伸手触碰玫瑰花瓣时被荆棘刺破的痛，也只有自己懂得。只有撕开自己的内心，才知道原来一路走来的我，并不容易。

（一）质疑中的成长

小学的时候，我的语文和数学成绩一直都很好，唯独英语成绩总是令人揪心。刚上小学四年级的时候，语文和数学拿不到满分我都会懊悔很久，但英语成绩一直都在80分徘徊。我只能一边默默羡慕着其他同学接近满分的成绩，一边继续不知所措，因为我一直觉得自己在学英语方面天生就少一根筋，无论老师讲得有多好，该听懂的地方我还是听不懂。

考试总会到来的，只不过面对着英语试卷的我，永远都是一副"死猪不怕开水烫"的无畏。有一次考试很奇妙，虽然我依旧看不懂题目，但可能运气好了那么一点点，蒙对的题目比较多，最终的成绩比同桌高了2分。我自然知道自己的真实水平，也自然知道自己取得这个成绩完全就是靠运气，但同桌不服，向老师提出是我抄袭她的试卷才能考到这么高的分数，并扬言她母亲要找我谈话，因为她母亲是学校里的老师。"抄袭"这个词对于一个10岁的孩子来说简直就是生命中不可承受之重，更别说还要面对老师们的灵魂质问。那段时间里，我的心理压力一直很大，晚上就算睡着也会在梦中哭醒，白天就算醒来也不敢走进那间教室。不知道这样浑浑噩噩的日子持续了多久，直到某一天，我突然发现，拒绝质疑最好的方法，就是让自己变得更强。

最终我不知道自己是怎么成长起来的，或许是很努力地认真听了课，或许是很努力地背了英语单词，或许是很努力地做了很多题，总之小学四年级结束的时候，已经没有人再质疑我的成绩了。

（二）高中，一个不算完美的开始

虽然中考成绩没有达到自己的预期，但我依旧认为自己会在学校的分班考试中取得好成绩，毕竟相比于基础题较多的中考，分班考试才是真正有实力者的较量。但当我看到自己的分班考成绩，知道自己的分班结果之后，毫不夸张地说，我的世界在那天变成了灰色。在我们高中，每个年级都有一个高手云集之地，而成为他们中的一员，似乎在追梦的道路上就有了底气。然而，我不是其中一员。我从盲目的自信中醒来，开始面对残酷的现实。

那天早上报到后，父亲接我回家吃饭。虽然母亲做的饭很好吃，但悲伤的我已无心享用。本来充满希望的高中生活，似乎就这样有了一个不完美的开始。而当初说出的那个"清华、北大"的目标，似乎也变成了遥不可及的梦想。一直到班会前，失败的沮丧都牢牢占据着我的内心。

但那天晚上，一个人改变了我。由于下午有其他活动，我缺席了班级大扫除，直到开班会时，才真正见到这个对我人生有着重大影响的人。他姓徐，名字奇特得让人想忘都忘不掉，在黑板上留下的签名也颇有毛主席的风采。

和我一起坐在教室里的人，绝大多数都是和我一样首战失败的人。大家都有着成为海南省顶级学生的理想，却没有在此时此刻做到。徐老师仿佛在走进教室的那一个瞬间就看穿了我们所有人的心事，直接说出了一句："不用怕，做我的学生，学习想不好都难。"在那之后的1小时里，这个中年男人列举出了他教学生涯的种种优秀事迹，狠狠地把我们所有的任课老师夸了一遍，甚至在我们面前跳起了他拿手的广场舞。最后，他站在了讲台的凳子上，高举双手，带领我们唱起了他自创的"班歌"。整首歌的旋律大概只有8小节，词也只有2句，我们反复听了6遍。这首歌里的每一个字，都刻在了我的心上："我有一个'北大梦'，我要为之而奋斗！"

看着和我一起唱着这首歌的同学们，看着站在讲台上人到中年却依旧活力四射的班主任，我突然觉得，这个集体是我见过最耀眼的存在之一。

和舍友们同行在回宿舍的路上，我感到无比轻松，且无比坚定。

（三）一段刻骨铭心的经历

期中考试后，我幸运地获得了徐老师的关注。仗着小时候读过的那些书和初中时积攒下的些许文学功底，我总认为自己的语文水平还能勉强应付高中的学习，因此在一次测验交卷时，我还是很有自信能拿高分的。然而就是这份自我感觉良好的答卷，被徐老师批得一无是处。我的天又塌了。

在那之后的很长一段时间里，徐老师都会把我的作文当作反面教材。徐老师曾经批评我的字没有结构、没有笔锋，也曾经批评我的语言没有诗意，还曾经批评我的作文没有思辨性。对于自认为语文成绩还算不错的我来说，这无疑是一个巨大的打击。徐老师批评了我之后，就会走下讲台亲切地询问我是不是还能承受得住，而我虽然友好地表示可以让暴风雨来得更猛烈一些，但内心还是会泛起波澜。因为从小到大，我都没有被这么严厉地批评过。

那段时间里，经历过暴风雨的洗礼后，我总会选择去操场跑上几圈暂时逃避这一切，但终究还是要面对挫折的。不是所有人都能获得被老师重点关注的机会，也不是所有人都能有幸被老师指出问题所在，更不是所有人都有勇气承受这一切。我一直坚信，如果能承受住这一切，那么那时的我一定比现在的我好上百倍。

字不好就多练，语言没有诗意就多学，作文没有思辨性就多看。因为最终的高考作文是在答题纸上的小方格里呈现的，所以每次写作文时发剩下的作文纸都会被我收走，然后在这些小方格里一篇又一篇地抄写我整理出的范文。这确实是一项需要花费极大精力的挑战。每当想着其他人在我埋头苦练的这段时间里可以刷无数的题和学无数新的知识，我的耳边会不由自主地响起徐老师那毫不留情的话语，也会不由自主地怀疑自己的能力，但这都是我必须要克服的困难。作为一名理科生，语文的重要性不言而喻。既然有人可以做到，那么我也必须做到。

现在的我，很感谢当时那个坚韧的自己。翻看着自己高一和高三时所写的作文，除了左上角的署名是一致的以外，丝毫看不出这些作文是同一个人留下的笔迹。

大概从高二开始，徐老师就开始用一整节课夸我了。我真的做到了。

三、用汗和泪凝成的人生经验

通往北京大学的路好像很长，长到无论你走了多久，似乎都看不到路的尽头；但通往北京大学的路又很短，短到你还没有来得及思考走过的路，却发现已经到达了梦的彼岸。

一直以来，我不认为自己是个聪明的人，但终究算是一个勤奋的人。回想起中学6年的学习生活，还是能很自豪地说，我活出了自己的精彩，也有了一些自己的感悟。

（一）中学生涯的开始

相比于小学的无忧无虑，初中对于每个人来说都是一个新的开始。全新的科目、全新的学习方式、全新的知识点，对于每个人来说都是一个不小的挑战。但也正因为一切都是全新的，所以一切都是公平的，每个人都有无限可能。不用纠结于过去12年造成的差距，只需要立足现在，大步向前。

虽然很残酷，但在初中步入尾声时，我们就要面临中考。在义务教育全面推行的今天，中考将会是很多人面临的第一场大考，也是直接参与的第一场大范围的竞争。可能很多人会面临年级、学校，甚至全省、全市直观的排名，可能同年级学生之间分数的对比更加鲜明，可能老师们会更加注重每一次考试的成绩。也许我们会第一次遭受人生中重大的挫折，也许会第一次面临尽管很努力但似乎怎么学也学不好的困境，也许还会第一次直接面对人与人之间的差距，但相比之后的人生要面对的挑战，初中阶段的艰难往往不值一提。只要做好准备，一切的困难都将不在话下。

在写下这些初中的学习经验时，初中生活的一幕幕又重新出现在我眼前，纯粹的友谊、操场上的汗水、课间的嬉闹、一起走过的夜晚，都是人生中闪光的回忆。

从初一开始，我们需要做的事情只有一件：调整心态。3年的时间看起来很长，但时间总会不经意间从指缝中溜走，仔细算起来，留给每个人奋斗的时间也并没有多少，所以从踏进初中校门起的每一刻，都值得被珍惜。

由于小学结业考试的成绩还算不错，因而在初中入学时，我就被分到传说中还不错的班级，在同班同学的名单里发现了很多小学时就听说过的、很厉害的名字。想到可以和这些优秀的人成为同班同学，我自然又激动，又有压力。初中生涯第一天的课程似乎没有我想象中的难度那么大，老师们都亲切友好地向我们讲述了初中学习的特点和方法，紧张的心也暂时放松下来。

那天晚上，数学老师下课前在黑板上写了一道题，让我们回去思考一下。如果是在小学，我通常在见到"思考一下"这四个字的时候，会直接默认为"这道题可以不用写"，但初中开学的那天，我列出了自己能想到的所有解决方法。本以为这道题就这样过去了，没想到在第二天的课上，数学老师又讲到了昨天的那个问题，在一连问了几个同学都没有得到满意的答案之后，我站了起来。就这样，我"歪打正着"地在老师心中留下了还算不错的第一印象，并在之后的学习生活中获得了他持续的关注。不过回想起来，倘若开学第一天我松了那一口气，或许就不会有那么惊艳的出场了。

（二）修学储能，先博后渊

相比于高中的学习，初中阶段自由支配的时间会多一些。因此，初中3年是全方位扩充自己的知识面，增强自己知识储备的关键阶段。当然，我是用了高中3年的时间去弥补初中留下的这一段空白的。

我在小学阶段看过很多书，于是在进入初中后，习惯性地以为我小学的知识储备已经足够应付初中的学习，再加上对数理化的热爱，我把大量的时间都花在了刷题上。这样做的后果是我的成绩有了一定程度的提升，但不管我再做多少题，每一次考试的成绩仍达不到我的预期。进入高中后，我回顾初中时的这种做法，会觉得自己浪费了很多时间。如果我把这些时间用来读一些喜欢的书，多积累一些课外知识，那么我就不用再花那么多时间为积累作文素材发愁了。

客观地看，对知识的掌握需要通过一定量的题目来积累，但在掌握到一定程度之后，再去拼命地做题，就没那么必要了。所以这些时间都可以空出来，学习一些自己感兴趣的知识，多进行一些课外知识的积累。虽然短时间内看不出这样做的好处，但对整个学习生涯，乃至对整个人生都是大有裨益的。

（三）永远相信自己的力量

整个高中阶段，我最庆幸的一件事，就是选择了相信老师和相信自己。

因为一开始没有如愿以偿地进入年级里最优秀的班级，我对自己的实力一度十分怀疑，甚至当时基本否定了自己过去十几年的全部努力，但其实只要冷静下来，就会发现处境远远没有想象中的那么糟糕。高中的第一次统考，虽然我觉得自己已经发挥出了接近99%的功力，但公布成绩的那天晚上，听着班里的同学讨论成绩的时候我还是选择戴上耳机逃避现实，然后怀疑自己为什么还是考得那么差。当自己不得不面对成绩的时候，我意外地发现这次的排名好到远远超出自己的想象。现在想想，当时做了那么久的心理建设，浪费了那么多安慰自己的时间，实在是没有必要。

距离高考还剩几天的时候，我总是会不由自主地幻想高考考场上出现的各种状况，诸如错过了考试时间，背的古诗词在考试的时候全部都写不出来，文言文翻译一个字都写不出来，语文作文没有时间写完，英语听力完全听不懂，数学的选择题写几道就错几道，等等。而后来，我所担心的事情一件都没有发生。虽然我可能会因为紧张影响一时的发挥，但其实只要静下心来，学过的知识总会在恰当的时间冲进脑海。毕竟训练了那么久，神经元细胞之间早就在生理水平上建立了新的突触帮助我们记住这些知识，我们只需要给大脑充足的时间去调用这些知识即可。

当了那么多年学生，有时候真的应该对自己的能力有一个基本的判断。在绝大多数时候，决定着我们上限的，不是个人能力，而是我们想象力的边界。对自己正确的预期可以帮助我们顺利地做好很多事情，但对自己错误的怀疑只能让我们在黑暗的深渊里越陷越深，最后沉沦。

（四）做时间的主人

我一直十分佩服自己的一件事，就是在高二升高三的暑假，坚持了整整 2 个月的严格作息——按照每天规定的日程表来完成当天的复习安排，为高三阶段的复习工作奠定了基础。

因为学校不能补课，所以在高三开始前，我们仍然拥有近 2 个月的完整暑假。放假前，每个人斗志昂扬，发誓在未来的假期里要完成多种多样的学习计划。但在假期中，只有一件事情完成得最好：虚度光阴。其实，在这个暑假之前，我的每个假期都是这样度过的，所以每次开学前，我都会流下悔恨的泪水。但这个假期，我突然意识到如果自己再像以前那样，或许高考结束的那个暑假，我就只能再战一轮了。因此，我制订了整个假期的复习计划。每天的日程从早上 8 点安排到晚上 11 点，每天学习 3 门科目，每门科目的学习时间控制在 4 小时左右。我在每门科目的复习时间里又明确规定了每一天复习的章节。当然，我还给自己留了运动、休息的时间，运动的内容是当时特别流行的郑多燕瘦身操，这样既省去了出门的时间，又实现了高效锻炼的目标。我可真是个小机灵鬼。

也不知道哪里来的勇气和韧性，整个假期下来，我的任务完成率竟然出奇的高，习题集刷完了几本，课本也认真看过了几遍。这是我人生第一次感受到充分利用时间的乐趣，也是第一次没有在假期结束的时候对自己有强烈的负罪感。虽然我还是会对过去浪费掉的时间痛心疾首，但早一天醒悟比晚一天醒悟肯定要好得多。

（五）一个高中理科生的文科修养

和其他省份不一样，海南省是目前唯一采用标准分计算高考成绩的省份。在我们省的高考分数中，语文、数学、英语三门科目占有很大的比重。换言之，这三门科目拿高分带来的效用远大于文综或者理综。可能因为我高一的班主任是语文老师，我们班和其他的理科实验班很不一样，他一直十分重视学生语文课程的学习。

对于大多数理科生而言，数学和理综的难题并不是一个挑战。不管多难的题，多做多总结，一定能总结出一些套路。但语文就没那么容易了。现代文阅读好像不管怎么练还是存在错很多的可能性；文言文无论怎么背好像都没有办法理解句子的大意；古诗词赏析虽然掌握了一些套路，但永远都没有办法知道诗人、词人是怎么想的。权衡再三，我选择了作文作为突破口，毕竟作文是整张试卷中占比最大的。

一开始，我处于完全不知道怎么写高中作文的状态。上高中前，作文一直以来的主要考核形式都是记叙文，虽然初中时我也尝试着写过议论文，但总会因为议论的深度不够而被老师大骂一顿。而高考作文常见的体裁就是议论文。一开始写议论文的时候，我无从下笔。万能的徐老师就在这时如天使降临一般拯救了我。学写文章的第一件事，就是看。各大报纸的评论、各种大家的文章、优秀的考场作文都是可以学习的样本。看多了，自然就有感觉了。必要的时候，可以抄写一些优美的句子，这样既能练字，又能学习其写法。接下来，就是多写。没事的时候，我会随手翻看一些高考真题或者模拟题中的作文题，然后在脑海中构思出整篇作文的结构和所需的例证，当然还有如何把这篇文章写得更优美一点的思路。时间一长，就发现自己无论在审题方面，还是在逻辑方面，甚至是在行文的流畅度方面，都有所提高了。

（六）改变，在潜移默化间

整个高中生涯，我坚持的为数不多的一件事，就是每天背英语单词。虽然一开始只是和好朋友打赌看谁能坚持得更久，但后来我渐渐发现，在打赌的过程中，这件事情已经成了我的习惯。

不过在很长一段时间里我都没有意识到这个习惯给我带来的改变。直到有一天，在参加全国中学生英语能力竞赛的时候，考试前

10分钟才刚写完数学作业的我根本来不及准备这次考试，只能硬着头皮上场。而周围的同学，大概都在考试之前就做完了过去几年的真题和相应的专项训练。整场考试我自然是不抱任何希望的。但从做听力开始，我惊奇地发现难度远远没有我想象中那么大，虽然笔试部分不能完全读懂题目的意思，但在语感的帮助下，整个答题过程竟然顺畅得令我吃惊。所谓语感，大概就是读完这个句子的时候，你能清楚地知道这里应该填什么内容，当你给出这个答案时，整个句子就会变得十分通顺。就这样，在考试时觉得只是来给优秀的同学当分母的我，最后取得了一个连自己都不敢想的成绩。而在那之后，我也发现英语逐渐成为我的强势学科。

后来想想，其实在背英语单词的过程中，会读到很多句子，而为了记下这些英语单词的意思和培养自己的英语思维，我也经常会用英语来解释这些英语单词。虽然每天花费的时间不多，而且基本都是挤出来的碎片时间，但几百天的积累下来，这种改变的威力还是让我目瞪口呆。我突然想起了那句话："无论做什么事情，只要经历了10 000小时的锤炼，就会成为这个领域的专家。"

（七）我与数理化最后的"拼杀"

虽然是理科生，但我认为自己的数学、理综并没有那么优秀，甚至可以说拿不上台面。其中，物理是我的短板。我曾一度认为物理是一门令很多人感到绝望的学科。虽然它的知识点不是很复杂，但各种不复杂的情况凑到一起，就是"人间地狱"。10次模拟高考训练里，可能有8次的最低分都贡献给了物理。于是，那段时间里物理老师天天忧心忡忡地找我谈话。我也很着急，虽然老师提供了很多帮助，但我的物理成绩依旧不理想。眼看着高考一点点地逼近，我在物理上开窍的那一刻依旧没有到来。最后的冲刺阶段，在其他同学都已经攻克完基础题并努力挑战压轴题的时候，我思考了很久，还是选择了继续把基础概念吃透、抓牢。既然物理注定不能成为我的强势学科，那么只能努力让它不要成为我的负担。在吃透基础概念的过程中，我也顺便重新搭建了一下物理在脑海中的整个知识体系,也算是在高考前多复习了一轮。最后在高考中,物理果然没有成为拖后腿的学科。

相比于数学、物理,化学和生物虽然没有那么重的理科气息,但知识点的体量也是不可小觑的。一开始,我担心自己记不住那么多东西,但记得越多,就会发现在学习的过程中越得心应手。高一的时候,我被化学老师的人格魅力所吸引,挑战了一段时间的化学竞赛。在对待竞赛这件事情上,我一直都有着坚定的想法:竞赛对于我来说只是高考的辅助,我不会成为一个竞赛生。所以在准备竞赛的过程中,我也只是在拓展知识的广度而已,并没有钻得很深。和其他竞赛的种子选手相比,我可能只是一个连皮毛都沾不上的小菜鸟。但即便如此,在竞赛结束之后面对高考的题目时,我竟然感到了前所未有的轻松,因为题目中出现的物质,哪怕是所谓的新物质,我基本上都见过。

生物也是如此。虽然生物老师总是会绞尽脑汁出新的题目,但不管怎么新,都跳不出科研的边界;而在国内外最新的研究进展中,也不是所有的进展都可以出成题目。所以多看看题,再搭配现在十分发达的自媒体平台,偶尔看看能看得懂的一些研究进展,可以帮助自己拓展很多新的思路。

(八) 永远不要孤军奋战

教室外的走廊,对于我来说有着特殊的意义。这里见证了汗水,也见证了泪水;见证了友谊,也见证了师生情谊。

临近各种重大考试,意味着临近海南省全年最燥热的时候。上一秒刚洗完澡,下一秒就可能汗流浃背。生理上的烦闷和心理上的压力常常把我们压得喘不过气来。而趴在走廊的栏杆上看着星空,吹着晚风,成了我最好的减压方式。

我永远不会忘记高二会考时,我们这群理科生要面对背下 4 本政治课本、3 本历史课本、3 本物理课本和 2 本通用技术课本的同时,还要准备期末考试。因为在教室里背书会影响到其他自习的同学,所以走廊就成了"背书党"的大本营。无论什么时候,只要抱着那些课本和背诵提纲出现在走廊上,就会有战友向自己靠拢。大家会不由自主地相互检查对各类知识点的掌握情况,也会一起分享对知识点的理解和背书的心得体会,还会一起吐槽读下来已经很困难但还要背出来的句子。累了的时候,大家会一起抬头数星星。但最美的星光,还是回头时就能看见的同伴的眼睛。

我也永远不会忘记高三每一次月考结束的晚上,选择继续留在学校上晚自习的同学总会不由自主地聚在这里,一边商量着刚刚考完的题目,一边商量着晚上要出去吃点什么,享受1个月以来难得的、没有压力的时刻。

我更不会忘记高考前夕,所有高三年级的同学一起站在走廊上,看着老师兴奋地挥舞着分别写有"文科"和"理科"的两面旗帜,听着学弟、学妹元气十足的喊楼,看着楼上楼下的战友给彼此打气所带来的力量。

当然,我也会在这条走廊上,和老师谈天说地:会在这里和化学老师一边开玩笑一边吐槽为什么明明自我感觉良好却总是考得很差,是不是卷子的难度分布不合理;会在这里看着语文老师一句又一句修改着自己的文章;会在这里很努力地听着物理老师分析着我惨不忍睹的物理卷子;还会在这里和英语老师讨论下个星期的演讲要如何去准备。

一路走来,这条神奇的走廊,成为我们每个人的力量源泉,它汇聚着所有人的努力、所有人的力量。每次走过这里,总能感受到无尽的动力和无限的温暖。

四、终于,我走向了你

2016年9月,当海南还沉浸在夏日的烦躁中时,北京的早晨已经泛起了凉意。父亲母亲和我推着行李,走向了颐和园路5号。颐和园路5

号,是北京大学的地址。一路上,我们都没有说话,只是安静地听着行李箱的轮子在人行道上摩擦的声音。那条路,我们似乎走了很久。

我还没来得及和父亲母亲一起逛遍校园,就投入紧张的开学日程中;还没有来得及做好长时间离开家的心理准备,就收到了父亲母亲的告别短信。在燕园的第一个夜晚,我不由自主地望着讲桌上的"北京大学"四个字发呆。我还没有想好这四个字对我来说意味着什么,但我知道,藏在这四个字背后的挑战,一定不小。

(一) 当梦想照进现实

就这样,年少时说的那句"我要上清华、北大",变成了现实。

到了大学我才知道,高中阶段听过的最好笑的笑话,是各科老师常对我们说的一句话:"熬过这一切,等你们上了大学就轻松了。"虽然北京大学给了我们极大的选课自由度,但当大学第一次选课结束的时候,我望着没有多少空白的课表,内心只剩下了两个字:拼了。

大学第一个学期的每一周都是在长达 4 小时的普通化学实验中开始的。虽然高中的时候我每天都能早上 6 点准时起床,但到了大学从床上爬起来真的成为一天中最困难的事情。或许是因为晚上学习过于勤奋,或许是因为寝室的温度过于舒适。在经过一个懒散的周末后,还要在周一一大早穿过半个校园,在逐渐变冷的天气中穿着并不是很保暖的实验服和各种危险试剂打交道,确实是一件十分艰难的事情。

而基础课的学习也着实让我感到了巨大的压力。高中的时候,我还能安慰自己这一次考试没有考好下一次努力就行了,有可能这次排名跌到九霄云外但下一次就又冲回榜首。但大学不一样,所有的成绩都会被忠实地记录下来,影响着未来的 4 年。因此,每门课都必须全力以赴。然而,高中与大学之间存在的鸿沟还是会让我不知所措,即便已经很努力了,学不懂的绝望依旧经常包围着我。但是没有办法,我不能因为学不懂就放弃,也不能因为害怕面对就逃避,我能做的就是强颜欢笑,顽强抵抗。

就这样,在初入大学的第一个学期里,我熬过了人生中最长的夜，流过了人生中最多的泪，也算是取得了一个不错的成绩。

（二）与生命科学的邂逅

在高考结束之后，翻遍了北京大学整本专业介绍的我，选择了生命科学学院（以下简称"生科院"）。说来也巧，高一时的班主任极力劝我去学文科的时候，我很坚定地告诉他，我不学文科，我就是要学生物学，毕竟当时的我一直深受那句话的影响——"21世纪是生命科学的世纪"。

一语成谶，不对，是如愿以偿。虽然网络上对这个专业表现出了难得统一的鄙视态度，但有些事情，只有亲自尝试，才有发言权。

作为北京大学四大"疯人院"之一，生科院的课程安排充满了挑战。在学校推行的宽口径教育理念的影响下，我们除了学习生物的专业知识外，还要学习数学、物理、化学、计算机等相关知识，而且学习的难度仅仅比相应的专业院系低一个等级。而经历了高等数学、线性代数、普通物理、数据结构与算法等课程洗礼的我们，还需要接受各种生物课程的"摧残"。"摧残"的过程虽然痛苦，但痛苦中也藏着很多幸福。例如，第一次看英文文献时，虽然我拍了照片发在网上，还装出一副博学深沉的样子，但其实我完全不能领会整篇文献的思想。而现在的我，已经进化成一天可以看很多篇英文文献的研究者。又如，第一次看到重达5千克的全英文生物化学教材时，我从没想过为了学习，我能认认真真地看完老师所讲的全部章节。再如，第一次需要用全英文主讲文献讨论课时，我怎么都不会相信，以前连续说英语时长不超过10分钟的我，可以用英语讲上1小时。

我的学习生活还有一个很重要的内容：做实验。

和很多人一样，在真正了解和走进实验室之前，对"做实验"三个字的全部幻想和期待就是穿着帅气的白色实验服，操作着昂贵且高大上的仪器，并用实验结果不断地拓展人类认知的边界。当然事实也是如此，只不过这个场景的背后，藏着很多努力和寂寞。见过我的同学凌晨5点才从实验室回到宿舍，见过他们定了凌晨3点的闹钟去实验室设置实验条件，也见过他们为了排队等一个仪器可以通宵不眠，但见得更多的是藏在每个人心中的这份热爱。这里的每个人，都在为了心中那个更好的自己而努力，即使明知道路途上荆棘遍布，可能会被划得遍体鳞伤，还是会义无反顾地大步向前。

（三）放飞自我，不负青春

在父母那个年代，上了大学，基本等于获得了一份不错的工作、一份不菲的收入、一个还能看得过去的社会地位。但对于我们来说，时代已经变了。我们选择了学校，选择了专业，但并不代表我们已经决定了自己的人生。高中时代的我们拼命学习，为的是让自己在激烈的高考中比其他人多那么一点选择的空间，但实际上，从高考结束到做出选择的时间，真的太短太短。人生道路漫长，我们的人生不应该那么早地被定义，而是应该在成长中不断地反省。而大学，给了我们这样一个机会。

刚开始面对很大的学业压力的时候，我选择拒绝一切课外活动专心学习。但我逐渐发现，这不是我想要的生活。虽然把大量时间都放在课程和科研上着实让我的内心感到安慰，但这种大学生活并不是我想要的。我不甘心自己的大学4年就这样单调地度过。因此，当我发现自己还能从容地面对课程压力的时候，开始了探索自己内心的旅程。虽然我们的教学计划中对于通选课的要求只有12学分，但本着"学费都交了，不多选点课怎么够本"的态度，我总会穷尽每学期选课的学分上限，去听我喜欢的课程。就这样，我了解了浪漫主义时代的欧洲音乐，了解了印度的宗教，了解了西班牙的文化，了解了《四书》《五经》，当然，最重要的是了解了我自己。虽然每天都在面对各种理性的知识，但我内心文艺的小宇宙在这个过程中爆发了。就这样，我尝试着在合唱团里系统地学习合唱，在新年晚会的时候尝试着给老师排练、编曲、伴奏，在年会的时候尝试着去策划一整台晚会。尝试得越多，潜能被挖掘得越多。而在这些尝试的过程中，我能更加清楚地听到内心的声音，更加明白我想要的人生。

五、结语

一直到现在,我都在思考"北京大学"这四个字对我来说到底意味着什么。记得郝平校长说过:"当你们踏进园子里的那一刻起,你们的命运就和国家有了更加紧密的联系。"我也从此更加明白自己肩负的责任。在人生中最美好的时刻来到这里,我是幸运的。

我的故事讲完了,但看到这个故事的你,或许和北京大学的故事才刚刚开始。不管未来怎么样,希望在这个园子里发生的故事可以一直陪伴着你,走向更加美好的未来。

随笔感悟

大学毕业时,回首经历过的求学生涯,说长不长,说短不短。"永不沉沦,问心无愧",大概就是我想传递的感悟。小学时,父母给予了我他们能给予的全部,让我在充满爱与陪伴中成长。初中时,第一次需要直面激烈竞争的我感到不知所措,但积极调整心态,利用一切可以利用的时间扩充自己的知识面之后,我平稳度过了这一阶段。

高中的竞争强度更不必说,虽然结果令人欣慰,但过程刻骨铭心。<u>相信自己的实力,相信自己的潜力,勇敢地接受各种批评,勇敢地改进各种不足,找准自己的定位,最大程度地发挥自己的优势是我高中时的坚持</u>。大学不是终点,而是新起点。我们可以再次探索自己的新起点,接受自己的平凡和不凡,充分利用身边的资源发现自己的无限可能,找寻真正的自己。长夜漫漫,但日出终将来临。

郑晏陶

做一个梦想家，
圆一个北大梦

毕业院校：北京市第二中学

录取院系：北京大学法学院

高考成绩：686 分（理科，2019 年）

每当我漫步于燕园中,看到庄重的东门、典雅的西门、高高耸立的博雅塔、波光粼粼的未名湖,我的眼前总会浮现出 1 年前那个胸怀梦想的自己,1 年前那个在求学路上奋力奔跑的自己。

去年夏天,坐在高考考场里的我,写完英语作文,看了看表,时间还比较充裕。检查完试卷后,我放下手中的笔,看向窗外的斜阳。我第一次感到,我与北京大学的距离是那么近,我与北京大学相遇只剩下 2 周了。

2 周过后,一切终于尘埃落定。查询高考分数的时候,我正在北京大学的校园里与招生组的老师畅谈。老师问我明年愿不愿意加入招生组,为学弟、学妹的"北大梦"助一臂之力,我毫不犹豫地点了点头。从那以后,我时常问自己:北京大学到底是什么样子的?北京大学到底厉害在哪里?想圆梦北京大学,需要做些什么?

我想,一路走来,在求学的道路上,需要的不仅是勇气与毅力,还有智慧与方法。而这样的勇气与毅力,这样的智慧与方法,都是我迫不及待想要与大家分享的。希望我可以为每一位学子的"北大梦"助一臂之力。

一、"教子要有义方"

相信很多同学都会在学习与生活中碰到与父母产生分歧的情况。有些人觉得,父母那一代人并不理解我们的想法和生活方式,因而我们也不会从心里听从父母的建议。但是,由此引发的家庭矛盾与争执,会影响孩子日常的学习和生活,为孩子带来不必要的烦恼。妥善解决亲子教育的问题,对每位同学的成长与学习至关重要。

(一) 手机的使用规则

每一个家庭或多或少都会因为孩子频繁地使用手机而产生争执。

父母总会认为孩子使用手机的时间过长，使用手机不是在学习而是在玩游戏、看视频；而孩子总觉得在枯燥的学习生活中应当有一定的放松时间，自己使用手机只是偶尔玩游戏却总是被"抓包"，从此就被扣上了"使用手机就是在玩游戏"的帽子，为此感到非常委屈。其实，这样的现象是非常普遍的，而引发矛盾的原因是父母与孩子看待问题的出发点不同——父母是从孩子学习成绩的角度出发，担心孩子的学习成绩因为使用手机而下降，便会时时刻刻担心孩子使用手机而耽误学习；而孩子是从自己学习体验的角度出发，希望通过手机调节乏味的学习生活，因此认为适当地使用手机也无伤大雅。

其实，父母和孩子会因为手机问题发生争执，其关键在于沟通。在我上高三的时候，学校的老师在家长会上要求父母限制孩子使用手机的频率。当然，这是一条较为理性的建议，毕竟每位同学的具体情况不同，限制的方法也就不同。我的父母开完家长会后就试着和我沟通，我们就手机使用问题达成了几点共识，供大家参考。

第一，限制使用不等于禁止使用手机。我告诉我的父母，高三除了要跟着老师走，还要有自主学习、自主练习的过程，平时遇到不会做的题目，用搜题软件搜索解析要比一个个地找老师答疑快得多。因此，手机的使用是必要的，单纯禁止使用手机，在某种程度上还会起到反作用。

第二，限制使用手机的方式要因人而异。从我个人的情况来看，完全没有必要限制使用手机的频率，因为我的游戏技术过差，对于综艺节目之类的视频也没有太大的兴趣，所以基本上使用手机就是刷微信、搜搜题。加上高三的学业比较繁重，也没什么人在微信上有时间和我闲聊，所以手机不可能让我分心，使用手机的正向促进作用远大于反向阻碍作用。因此，针对我个人是没有必要限制使用手机的。

第三，使用手机的时间要有限制。限制使用手机的时间，不仅指限制使用手机的总时长，还指限制使用手机的时间段。我一直以来都有一个不好的习惯,就是做一份完整的练习题时,碰到不会的就直接搜题,而不是等整套题做完再回头来思考,这样既会影响我自己思考的深度,又会让我在考试的时候面对不会做的题目产生慌张的情绪。因此,我借学校要求限制使用手机频率的机会,和父母讨论后决定,在自己做练习题的过程中,手机要放在客厅里由父母代为保管,只有做完一整套练习题,我才可以将手机拿到自己的屋子里。限制使用手机的时间,不仅是为了提高学习效率,还是为了培养良好的学习、考试习惯,避免因为搜题、看微信而打断做一整套练习题的整体性和连贯性。

家长和孩子沟通的时候,双方要注意以下几点:一是家长不能总是摆出一副高高在上的姿态,一定要与孩子平等的沟通;否则,一次沟通很容易就会变成一次争吵。二是孩子一定不能从一开始就抱着"父母就是要收走我的手机"这样的心态来和父母沟通,而是要与其探讨自己使用手机的利弊,从而得到一个理性讨论的结果。三是双方沟通的时候一定要结合自己的实际情况。别人家孩子的手机被收了,不代表自己家孩子的手机也要被收。只有综合考虑孩子的学习状况、自控力等,才能得出一个适合孩子的解决方案。四是如果家长决定限制孩子使用手机,不能一刀切地不再允许孩子碰手机。即使孩子的自控力极差,适当的劳逸结合在极大的学习压力下也是必要的。父母可以允许孩子在周末时使用手机 1~2 小时进行放松,这样既可以缓和因手机而产生的紧张的亲子关系,又可以促进孩子心理健康发展,不失为良策。

当然,很多方法都是因人而异、因家庭而异的。每个家庭都有自己特殊的情况,因此父母要制定有针对性的手机使用办法,只有这样手机对学习的促进作用才能被发挥出来。

(二)家庭的学习环境

孩子的学习场所一般来说有两个:学校和家庭。学校的学习环境由老师来维持,家长能够控制的就是家庭的学习环境。相信很多家庭都会发生这样的事情：家长因为担心孩子在自己的房间里玩，隔一小会儿就要走进房间看看孩子在做什么，督促一句"好好写作业"这样的话语，经过几次后，孩子就会不耐烦，从而引发新一轮的争吵。那么，在孩子学习的时候，家长该怎么做才能给孩子一个舒适又不失监督的学习环境呢？我也用自己和父母相处的例子来进行说明。

首先，家长应该提供一个安静的学习环境。我的父母每天晚饭后习惯看黄金档的电视剧，而这段时间正是我学习的黄金时间，电视剧的剧情和音乐总是会引得我分心，有时甚至会令我停下手中的笔，竖起耳朵听电视剧里面人物的对话。一集电视剧下来，画面一眼没看到，但我对剧情已经了然于胸。长期下来，我发现原本可以在1小时内做完的作业，却花了2小时都做不完，电视剧越精彩，我做作业的时间就越长。因此，我就向父母提出了建议，希望他们可以等我做完作业再看电视剧的回放，我要是没有太多学习任务还可以加入他们，这样可以起到放松的作用，岂不美哉？父母接受了我的建议之后，我发现自己的学习效率提高了很多，每天做完作业后还可以有一部分自由支配的时间。一个安静的学习环境不仅可以提高孩子的学习效率，还可以增加孩子对知识掌握的牢固程度。毛主席在闹市中读书，锻炼的是自己的专注力，但从另一个角度反映了安静的环境对孩子学习的促进作用。如果条件允许的话，家长应尽力为孩子提供这样安静的环境，可以将自己的娱乐、放松时间与孩子的学习时间错开，或者将电视的音量和讲话的声音调小一些，这样都能很好地保证孩子的学习效率和质量。

其次，家长应当做好后勤保障工作，为孩子提供一个舒适的学习环境。我在屋子里学习的时候，父母一般会隔一段时间给我倒一杯热水，晚上还会给我削好一个苹果或者剥好一个橘子放在盘子里送到我屋里来。物质保障是非常重要的一个环节，正所谓，"兵马未动，粮草先行"。如果饭菜和食物不可口、没有足够的维生素等营养的补充，孩子的学习效率一定无法发挥到极致，同时也要注意，后勤保障工作主要是确保孩子的身体健康，但不要让孩子吃得太多，否则就会出现我们老师说的"体重比成绩长得快"的情况。

最后，家长应当给予孩子足够的信任，切忌经常检查孩子是否在认真学习，因为安静的环境对提升孩子的学习效率至关重要。家长频繁地走进屋子里监督孩子是否在认真学习，会打破这样安静的环境，从而影响孩子的学习效率。另外，孩子也会因此认为家长对自己的信任程度较低，感到自己虽然在努力学习但得不到家长的信任与认可，从而影响其学习的最终效果。因此，家长应当适当地降低检查孩子学习的频率，如果实在不放心，频率为每2小时1次。

（三）家庭的压力

在中考、高考的升学压力之中，来自家庭的压力占了很大一部分。老师在学校强调"不能辜负父母的养育和期望"，家长也会或多或少地强调自己对孩子考试成绩的期望。我想，适当的压力对孩子的学习是有促进作用的，但是过多的压力只会使孩子在心理上产生抵触的情绪，到头来还有可能引发抑郁症。

我个人认为，孩子在学校承受来自老师的压力、同伴的竞争压力已经足够促进其努力学习了，家长完全没有必要再在家中施压，反而应当关注孩子的心理健康，适当为孩子减压。高三的时候，有一段时间我的学习遇到了瓶颈，努力了很久收获却不大。我的父母也为我着急，但他们并没有一味地要求我尽快改变现状，而是为我疏解压力，宽慰我说，只要尽力而为就可以了，不要对自己太过苛刻。我的父母从来不会向我强调他们对我高考成绩有多高的期望，我感受到的是来自家庭的温暖和支持，从来没有感受到来自他们的压力，这为我后来取得优异的成绩奠定了良好的心理基础。

不能否认的是，父母一定会对孩子有很高的期望，毕竟他们都希望自己的孩子更加优秀，能够出人头地。但是，父母同时也要注意合理地、有选择性地表达自己的期望。随着孩子年龄的增长，他们能够体会到的压力与艰辛越来越多,他们可以理解到家长为了自己的辛苦付出。如果反复强调这一点,效果可能会适得其反,孩子的成长会因压力过大受到影响。

另外,家长需要注意的是,高三学生在面对高考的时候往往需要的是内在的动力。也就是说,学生需要的是主动学习。如果父母让孩子背负了太大的压力,往往会削弱孩子学习的动力,也会导致其日后在大学或是社会上缺乏学习的动力。

二、"三千越甲可吞吴"

相信很多同学都在学习中遇到过这样或那样的困难:学习成绩久久未见提高,付出的努力不被父母和老师认可,从小优秀的自己换了一个环境之后变得平庸……但是,古人云:"苦心人天不负,卧薪尝胆,三千越甲可吞吴。"面对困难,可怕的不是失败,而是丧失信心与志向。只要坚持梦想,艰苦付出,即使处于劣势,也一定能够逆袭成功。

(一)数学成绩的飞跃

我初中就读于北京市第二中学的初中部,初二升初三的暑假,学校把我们年级的一批同学组成一个班,命名为"航班",初三便到高中部提前学习高中知识。在航班中,大多数同学都掌握了一些数学和物理知识与学习经验,他们的数学、物理知识领先我很多,还有很多同学有竞赛背景,从思维能力上来说,我也和他们有很大差距。

航班的数学老师讲课的速度很快,留的作业难度也很大,我初入航班的时候,每天要和数学作业奋战到后半夜。尽管我努力想要跟上数学老师的教学速度,但第一次数学考试便让我异常沮丧。100 分的卷子，我只得了 20 分，全班排名倒数第 5。那天拿到成绩后，我回家大哭了一场，不仅仅因为数学成绩不理想，还有从原来班级的前几名跌落到现在的倒数前几名的失落感。

痛定思痛，我决定不能让自己就此沉沦下去，要想方设法提升数学水平。一方面，我仍然坚持跟着数学老师上课的进度，每天独立完成作业，即使奋战到深夜两三点钟也没有关系；另一方面，我发现自己的弱点在平面几何上，因此便让我父亲帮忙搜索了 2014—2015 年北京市各区中考一模、二模的平面几何题，打印出来，用作课余时间的练习。刚开始的过程非常痛苦：一方面，要完成原本的课程作业就已经非常耗时了，再做额外的练习意味着要压缩所剩无几的休息时间；另一方面，平面几何的模拟题对于当时的我来说难度很大，我经常会盯着一道题很久，尝试各种辅助线，但就是没有办法找到正确的解题方法。

尽管过程很难熬，我仍然坚持每天至少额外练习 1 道题。经过大约 2 个星期的练习，我明显感觉到了自己的进步——以往 1 道题也不会做，现在 10 道题里能做出 7 道，真正不会做的题也变少了。但是，北京市中考基本上是要求数学考到满分的，一旦在几何题上失分，一定会吃大亏。于是，我把自己做过的练习所涉及的技巧和知识点一一总结出来，进行了归类，逐渐摸透了几何题出题和解题的"套路"，构建出了几个典型的几何模型，并有针对性地进行了一轮练习。在此之后，我面对几何题便游刃有余了。

初三下学期的数学月考，我的数学成绩从全班倒数第 5 名飞跃到了全班第 2 名，我既欣喜又欣慰——自己半年的付出终于有了成效。我把这样的数学学习习惯坚持了下来，直到高考，我都坚持在认真完成学校作业的同时有针对性地进行练习，高中的数学学习便轻松了许多。

（二）从平凡到卓越

前文提到了航班，我的数学成绩起初处于下游。其实，刚进入航班时，除了英语以外，我的每一科成绩都算不上突出，第一次考试的排名处在班级中游偏下的位置。虽然我在进入航班前就已经做好了在航班变得平凡的准备，但是当看到自己的成绩单时，心中的落差还是很大的。我屡次宽慰自己，可能我的水平就是如此，不能过分苛责自己。但经历考试结束的阵痛期后，我又决定拼一把，看看能不能把自己的成绩提高一个档次。

于是，在我坚持不懈的努力下，我的成绩从全班中下游慢慢提升到了中游，在二模时到了中上游。中考时，或许是努力得到了回报，又或许是运气所致，我一举拿下了东城区的第1名。进入高中后，由于我坚持了在初中时养成的学习习惯，学习成绩也一直保持在年级前5名的水平。

这样的提升既需要耐心和毅力，又需要方法和技巧。关于学习方法和技巧的问题，我会在后面的"学习经验"板块来谈，这里主要来谈耐心和毅力的问题。学习成绩的提升是一场长跑，而非一蹴而就的事情。毕竟，学习是一个"追及问题"，当我们在向前走的时候，别人同样也在向前走，只有我们的速度更快，才能追赶乃至超越他人。我们要做的不仅仅是努力向前，还要弥补与他人的差距。因此，努力了一段时间，发现还是和他人有差距，也不要气馁。只要差距在一点点变小，就一定要坚持走下去，终有一天，这样的差距会消失不见。

学习是一个曲折上升的过程，并非是一条阳关大道。在学习过程中，我们难免会遇到挫折与瓶颈，也难免会怀疑自己的努力是否真的有效，自己的成绩是否真的还能更上一层楼。其实，有这样的质疑是好的，因为这体现了我们对于学习成绩的重视。但与此同时，我们也不能让这样的怀疑与挫折压垮我们。在简单的反思与怀疑过后，一定要将自己的想法付诸实践，"空谈误国，实干兴邦"，正是这样的道理。任何我们所确信的，或怀疑的，都只有通过实践的检验，才能真正确定是否正确。

(三) 高考前的失眠

高中时,我的学习成绩还算不错,也因此获得了北京大学博雅计划 A+的认定,在高考前便拿到了 40 分的加分。在身边的老师和同学看来,高考于我而言已经是一场收入囊中的胜利,我完全不必有任何担心。同时,在高考前的历次模拟考试中,我都能拿到年级第 1 名的成绩,似乎也没有客观上的压力。

但是,就在这样的情况下,高考前的那个夜晚,我失眠了。这次失眠是我从未经历过的。我和平时一样,大约在晚上 11 点上床睡觉。时值夏天,天气炎热,我提前打开了空调,屋子里温度维持在 25 ℃,非常舒适。但我躺在床上,翻来覆去,难以入眠。我渐渐地开始心慌了——明天下午要考数学,我要是头脑不清醒,算错了数字该怎么办?我要是头脑不清醒,想不出解题方法该怎么办……这样的疑虑一个个从我脑中飘过,唯独困意迟迟不肯出现。我打开手机看了一下时间,已经凌晨 3 点了。我的紧张情绪在空调的嗡嗡声中被一点点放大,我的焦虑也随着窗外的天一点点亮起来而蔓延。或许是这样的焦虑让我的身体感到疲劳,不知道过了多久,我终于睡着了。再醒来时,我已经准备起床奔赴考场了。

一晚的失眠对我的身体状态造成了不小的影响——我的眼皮有点重,脑袋有些不太清醒,思考的速度和准确度也有些下降。但是,我深信虽然精神不好,它坚持到考试结束是没有问题的。发下试卷,我全身心投入考试中,丝毫没有担心其他的事情。事实证明,这样的方法是有效的——我的成绩并没有受到失眠的影响。经过当天中午和晚上的休整,我的状态得以恢复,最终取得了高考的胜利。

好学生并非一定是天资聪颖、一帆风顺的,他们中的很多人,在外人看来的"一帆风顺"中都经历了心理上乃至客观上的困难与瓶颈,只是他们通过自己的毅力和努力将其克服了,于是就走向了成功。如果你愿意努力,愿意卧薪尝胆,人人都能获得优异的成绩,考入理想的学校。

三、"未名湖畔好读书"

谈到学习经验，很多人可能自然而然地联想到每个具体的学科该怎么学这样的问题。回答这样的问题固然重要，但是我们应当注意到方法论之上的世界观问题。在学习层面，到底应该有怎样的整体认知，才能使自己的努力事半功倍呢？我总结了两点：目标和心态。

（一）目标

目标解决的主要是学习动力和努力程度两个问题。很多同学热爱玩游戏，但不爱学习；很多同学感觉"学习无用"，便自暴自弃，导致成绩直线下降；还有很多同学觉得学习过程非常痛苦，自己只有在老师和家长的督促下才能学习。这些问题的核心在于心中没有目标。

如果拥有目标，并且这个目标是自己真心希望实现的，那么就不会有什么事情能够阻挡我们实现目标的脚步。之所以很多人没能把自己的学习目标坚持下来，是因为这个目标在他们的心中实际上是可有可无的，绝非必要的。

制定目标，需要有层次、有计划。以我为例，当我想明白这个道理是在高中阶段，因此我在整个高中阶段设立了大大小小多个层次的目标，而总目标是对目标大学和目标专业的确定。我一直对法律非常感兴趣，而综合考虑学校实力，中国法学教育最强的学校就是北京大学，因此我将总目标定为北京大学法学院。选择目标学校和目标专业，不仅要考虑自己的兴趣、学校的实力，还要考虑自己当前的水平。制定的目标要稍高于自己当前的水平，但是如果目标定得过高，可能会导致自己拼命努力仍然与目标存在差距，从而打击学习的积极性；如果目标定得过低，就会导致自己过于自信、自满，从而荒废时间。同时，这样的目标也应该是动态的，如果一段时间以来发现自己进步较快，有很大潜力，可以稍稍调高自己的目标；如果发现自己近期的学习遭遇了瓶颈，就要稍稍调低自己的目标，以减轻自己的心理压力。

在这之后，就是确定高考排名的目标。由于每年北京市高考的成绩波动较大，因此绝对的成绩并不重要，重要的是相对的排名。想考上北京大学法学院，在北京市的排名至少要在300名以内，而根据历年北京市第二中学校排名与市排名的对应关系，大约可以总结为"市排名=校排名×30"的公式。因此，我的校排名要争取稳定在前10名以内，才能有较大的概率考上北京大学法学院。高考排名的目标一定要根据自己的目标大学和目标专业来确定，而不是随意确定一个排名与分数。毕竟，这个目标才是直接指引我们学习的灯塔。

在此基础上，要设立一些短期的目标。这些短期的目标一定要根据个人的学习情况与学习能力来设立，切忌定位过高。例如，上次考试我考了班级第10名，那么下一次设立的目标可以是进步两三名，争取接近班级前5名。这样的目标是合理的，因为通过一段时间的努力，我的成绩可以有小幅度的提升。但是，如果我给自己设立的目标是下一次考班级前3名，这显然是不切实际的。"不积跬步，无以至千里"，不可能有一蹴而就的成绩。即使自己的成绩超乎想象，也应当考虑到运气的因素。因此，短期的目标一定要脚踏实地，只要每次与之前相比能够有一定的进步，就达到了设立目标的意义。

建立短期的目标之后，就要进行最细微的环节——学习时间规划。我一直不主张制订一个非常严格的时间表，规定几点到几点做什么，因为这样的时间表可能因为各种各样的事情被影响。例如，当天作业较多，写作业的时间多了一些，可能挤占时间表上后面的事情。如果还坚持按照时间表行事，只会使后面的事情做得手忙脚乱、效率低下。

我的方法是制订一个一般情况时间表，并且对时间表上的事情划分轻重缓急。如果重要的事情占用的时间多于常态，那么就可以考虑暂时放弃不重要的事情。例如，我在高中的时候，最重要的事情是完成每天的作业。一般来说，做完作业后还有大约3小时的自由支配时间，因此我给自己的时间计划是每天完成一份学科试卷，用时2小时；剩下的1小时用来批改、总结这份试卷，以及回顾当天的知识点。这是我平时的时间表。如果某天我的作业耗时较长，只剩下 2 小时，我可能选择先专心完成一份试卷，将试卷的批改、总结工作放到第二天，或是利用零碎的时间进行这项工作。这就是我根据轻重缓急所做的取舍。

上面介绍的就是一个多层次、有计划的目标体系。在体系中，上一个层次对于下一个层次起到指导作用和决定作用，而下一个层次的进展和效果，也影响着上一个层次的变化。这样的体系一定是一个动态的、可以随时调整的体系。小到某一天的学习计划，大到整体的目标学校与目标专业，这都要根据实际情况进行调整，不能一味拘泥于从前制定过的目标。

（二）心态

心态解决的是学习和考试中的发挥与毅力问题。之前，我曾经看到过这样的言论："高考比拼的不是知识与套路的多少，而是心态的好坏。"我深以为然。心态不仅仅影响着高考这一次考试，更影响着整个中学阶段的学习和每一次考试。心态决定了平时的努力有多少能转化为自己的水平，每次考试能发挥出多少自己的水平。

在高三的时候，我们班有很多同学每天做题做到凌晨 3 点，但是成绩不见提高。久而久之，耐心被磨灭殆尽，他们逐渐开始自怨自艾，用一种"破罐子破摔"的心态来面对高考。这样的现象是所有人都不愿看到的，究其原因，在于心态的崩溃。对这些同学来说，如果心态崩溃，之前的每一分努力都将付诸东流，反而成了拖累自己的一块大石头。因此，一定要在学习和考试的过程中培养健康的心态。

什么样的心态才是健康的呢？学习的过程和考试的过程一样，张弛有度的心态是健康的：对于成绩要放松心态，越担心成绩，成绩就越差；对于考试要专心，做题时思前想后、不专注正在解答的题目是考试大忌。换句话说，我们应当将注意力放在过程本身而非结果上，方能有张有弛，调节好重压之下的心态。那么，在考场上该如何调整自己的心态呢？我总结为以下四点：

第一,基本功要扎实,心里要有底。也就是说,考前不能再有模糊的知识点和不会做的典型题。基本功的训练是平时学习和复习中最重要的内容,很多同学有好高骛远的坏习惯,总是觉得基础的内容太简单,自己都能熟练掌握,便一心扑到难题、综合题上去,反而忽视了基础知识,在考场上总因为基础概念问题而失分。其实,建构基础知识,不仅仅可以避免犯低级错误,还可以帮助自己构建出一个知识体系。当我们对基础知识了然于胸后会发现,知识与知识之间的关联自然明了了,知识不再是一个个破碎的点,而是以一个整体的形式出现在我们面前。例如,我们在学习化学方程式的时候,一开始学习的都是零碎的化学方程式,后来,当我们学习了氧化还原反应就会发现,化学方程式的书写和配平实际上是有规律的,这样我们就从死记硬背化学方程式,变成了只需要记下来反应物和产物,便可以自主完成化学方程式的书写。这样一来,知识自然形成了一个整体,记忆的难度也降低了很多。

第二,拿到试卷后整体阅览一遍,但不要仔细看题、想题。之所以要整体阅览试卷,是因为要对题量、题型有一个整体的认识,方便自己迅速规划答题时间。之所以不建议仔细看题、想题,是因为这样可以避免注意力被分散到难题上,导致其他题目的作答效果不理想。

第三,遇到不会做的题没必要紧张,一两道题不会做的同学的分数往往比全都会做但做错了基础题的同学的分数高不少。这实际上是一条非常有意思的规律。例如,我的数学天赋算不上很强,也经常会碰到难题没思路的情况,但是我的成绩总是在班里数一数二。反思原因,我认为关键在于一个脚踏实地的心态。天赋高的同学经常认为,这些基础题、简单题不足挂齿,在做题的时候无法全身心投入,导致自己的正确率偏低。但是,在考试中,基础题的占比要远高于难题,因此在简单题上失分的损失要比在难题上失分的损失大得多。

第四,感觉自己心不静、睡眠不足、脑子不转时,一定要尽可能把思考的过程留于纸面,这样既能帮助自己整理思路,又能便于返回检查。比如养成良好的打草稿的习惯，有助于各科成绩的提升。很多同学不习惯打草稿，只是在草稿纸上随意找一块空白的地方开始演算，由于书写不规范，算错数的、抄错数的情况常常出现。我有一位同学因为根号写得过于潦草，把$\sqrt{7}$抄成了17，白白损失了一整道大题的分数。与其求快、求省事，不如踏踏实实地认真打草稿，不仅可以避免运算错误，还可以方便自己在做完卷子后回头来检查，更容易发现错误。

（三）**分科学习方法**

由于篇幅有限，在这里仅为大家介绍数学和化学两门学科的学习经验，这也是我比较擅长的两门学科。

1. 数学

数学学科在高考科目中算是套路性比较强的科目了。只要大家熟练掌握一些固定的解题技巧，就可以轻松得到高分。

数学的学习和提高离不开主动刷题。平时，大家的学习压力很大，时间宝贵，很多同学将大部分时间都用于做分值较高的数学题，这并不现实。针对数学的练习一定要精确定位，找本地区的考题来做，不要轻易尝试其他地区的考题。此外，刷题一定要有计划，不能心情好就多刷2套，心情不好就不做题了，这样会影响每套练习题的做题效果，导致事倍功半。只要有计划地进行练习，都会对数学的复习有很大的促进作用。

在数学的复习过程中，要重点关注解题的准确性和熟练度。准确性，在于对每一道题的思考和计算不要"想当然"，而要有连贯的逻辑思维。平时做题比较毛躁的同学，可以尝试先把思考的过程放慢下来，甚至书面化，形成好习惯后，再逐渐加快速度，就可以顺利解决毛躁的问题。提升解题的熟练度，需要增强自身快速解题的能力。高考数学题大部分比较简单，但也有那么1~2道题难度很大，需要一段比较长的思考时间，才可以捋顺逻辑，完成解答。快速地解决试卷中的简单题，可以让我们预留更多的时间来攻克难题。因此，提升自己解题的熟练度也是数学学习的一大重点。

很多同学在解题的准确性和熟练度上存在误区：有的一味求稳，每道题都仔细思考很久，这样显然会导致自己在难题上得分较低，无法从容地答完试卷；有的一味求快，自以为能顺利地完成试卷，但成绩出来后才发现自己在简单题上犯了严重的错误，成绩并不理想。因此，对于高考数学，最重要的就是胆大心细地完成试卷，要对自己的解答有信心，但也要保证自己的解答严密而有条理。

关于难题的攻克，我不建议大家花很多时间去搞清一些创新类题目复杂的解答方法，而是建议大家积累如何在考场上快速解决这类题目的方法，诸如特殊值法、类比法、代入检验法、枚举找规律法等。此外，在学习的过程中，大家难免会遇到各式各样的题目，有些题目的考核角度过于怪异，问法过于新颖，很可能让大家一头雾水，对于这类题目，大家不必在意，只当长了一次见识即可。

2. 化学

高中化学是一门偏向于记忆和逻辑推理的科目。在学习的时候，前期要重点关注书中提到的各种基础知识，包括方程式、物质性质、反应现象等，一定要不留死角，把教科书完整地阅读一遍，将基础知识熟练地记忆和掌握下来。这样高考中很大一部分分数就可以完全掌握在手中了。而在学习的后期，尤其在高考的复习阶段，则需要关注解题技巧和思维方式，尤其对于实验探究题，培养正确的思维方式至关重要。这不仅需要记忆，还需要通过大量练习配套的模拟题和高考真题，总结各类设问的思考角度，进而完成对题目的解答。在解答这类问题时，有的同学觉得无从下手，有的同学觉得自己的想法是对的，但和答案相差甚远，这都是很正常的现象，而出现这类现象的根源就是没有掌握正确的思维方式。

化学是一门实验科学，平时认真做实验，体会实验背后的原理也非常重要。我们学校在高考备考时，专门抽出时间来组织学生进实验室做实验,帮助学生学习基本的实验技巧,掌握实验的关键操作及其原理,同时也对其记忆一些化学方程式起到巩固作用。其实,认真完成实验、撰写实验报告,对学生的化学学习有很大的帮助。无论是对于实验器材的分类记忆,还是对于实验操作的描述,甚至是对于实验结论的推断,这样的技能在实验室中学习的效果要比在考试中学习的效果强得多。

另外,化学的学习一定要注意整体性。与数学不同,化学的大题经常会把各类知识融合到一起来考查。例如,一道工业流程题,既考查了学生对基本方程式的熟悉程度,又考查了学生书写、配平陌生方程式的能力。因此,在学习不同的知识点时,一定要注意结合之前学过的知识点进行思考,总结哪些知识可以和哪些知识结合起来考,进而达到举一反三、事半功倍的效果。

高考化学的命题虽然存在新颖的部分,但也有很多内容是出自同一模板,换汤不换药。因此,在学习化学的过程中,我们一定要注意对各种题型进行分类、总结和整理,在提升熟练程度的同时,保证自己的思路与出题人的思路相契合,从而迅速获得正确的解题思路,获得理想的分数。

四、"眼底未名水,胸中黄河月"

说了这么多,相信大家已经迫不及待地想要了解一下在北京大学的学习生活到底是什么样子了。那么,就让我带大家来看看吧!

(一) 课程安排

北京大学的课程总共分为公共必修课、学科基础课、专业必修课、专业选修课、通选课、公选课六类。公共必修课包括政治课、英语课、体育课,部分人文社科专业还有文科计算机基础课。学科基础课是修读本专业知识需要学习的一部分其他专业知识,例如,在学习法学时,需要修读一些关于哲学、社会学的基础知识,以便更好地理解法学知识,所以哲学、社会学的基础课程就是法学专业的学科基础课程。专业必修课是本专业的基础课程,是修读学位的必修课程。专业选修课是本专业的一些高阶课程,学生可以在很多课程中选择一部分自己感兴趣的课程修读。

在我眼中,最值得一提的是北京大学的通识教育。当今社会需要的领军人才已经不只是在某一领域顶尖的人才,还需要"T"字形人才,即知识面广,且在某一专业上精通的人才。北京大学的通识教育的目标正是把我们塑造为"T"字形人才。通过在自然科学、社会科学、心理与哲学、文史、环境科学、艺术与美育这六个领域的通识学分要求,北京大学让我们学习到了丰富的知识,真正做到了知识面的拓宽。与不同领域的大师交流,感受跨学科学习的魅力,是无与伦比的享受。令我感受最深的是矿产资源经济概论这门课程。走进这门课程,老师不仅介绍了属于自然科学范畴的矿产资源问题,还介绍了矿产资源在经济层面上的知识。作为法学生,我惊奇地发现,我的法学知识竟然也可以与矿产资源经济知识进行交融,探究矿产开发与交易中的法律问题。这样学以致用、融合学习的体验,令人十分陶醉。

(二)学习节奏

与其他高校相比,北京大学每学期的学分要求和毕业学分要求是比较低的。根据学校的规定,一般每人每学期修读的学分上限是25学分,对应的是每周大约25学时(每学时50分钟)的课程,因此经常会出现某一天只有一节课,甚至没有课的情况。但是,在北京大学,除了上课时间的高强度课程内容外,对于大多数课程,还需要完成课前的阅读、课后的作业,以及不定期的论文作业等,实际上投入的时间要比上课的时间多很多。同时,期末考试前北京大学会停课以留给学生充足的复习考试时间,尽管如此,有很多学生还是会有时间不够用、内容背不完的感觉,毕竟北京大学的考试难度还是比较大的。

另外，在北京大学除了课程压力之外，身边同学给自己带来的竞争压力也很大。能够进入北京大学的学生在全国各个省、市都是成绩名列前茅的，有的甚至是高考状元，大家都很优秀。要在优秀的人中取得更加突出的成绩，需要付出的努力甚至比高中时还要大。不少学生在北京大学可能会体会到一种落差——高中时，自己轻轻松松能获得年级第 1 名，但到了北京大学后才发现自己拼尽全力，成绩可能也不尽如人意。

但是，与这样一群优秀的同学为伍，学习的积极性很容易就会被调动起来。环境造就人才，当宿舍里的同学都在讨论学习问题时，你会不自觉地加入其中；当教室里的同学都在认真听课时，你会惭愧地放下手机，投入课程之中。久而久之，随着环境的推动和自觉性的加强，你的各方面水平会得到质的提升，这也是北京大学不同于其他高校的一大特点。

我个人比较支持北京大学 25 学分的修读上限要求。本学期，我选修了 25 学分的课程，其中有 15 学分的专业课、5 学分的政治课、2 学分的通选课和 1 学分的体育课。尽管课表中周三和周五我只有一节课，但我仍旧感觉每一天都在紧张与充实中度过。仔细思量，我发现除了上课时间外，还需要阅读专业课的书籍，进行预习与复习；完成课程的论文，我每写一篇也要花去将近 1 周的课余时间；完成课外体育锻炼，我每天都要抽出时间跑步。这样，课程虽少，但是我学得充实、扎实，如果再想获取学分，恐怕就无法认真学习每门课程了。我想，北京大学这样的学习节奏还是非常人性化的。

（三）宿舍生活

北京大学本科生宿舍是四人一间，采取上、下铺的形式，空间比较狭窄。虽然条件可能不如某些学校在郊区新建的校区，但是宿舍生活的氛围非常浓厚。一般来说，同宿舍的舍友可能来自全国不同的地区，每个人身上都有属于他们自己的独特故事。和他们交流，不仅可以听到各种各样自己从未听说过的奇闻逸事，还可以拓宽自己的眼界和思维。我和我的舍友经常就很多社会事件进行讨论，当我从自认为理所当然的出发点思考问题时，会惊奇地发现我的舍友与我的出发点完全不同，有时甚至会完全相反。不同的文化背景和成长背景造就了不同的思维方式，与优秀的舍友进行思维碰撞，自己的思维能力也能得到增强。

此外，北京大学的宿舍管理较为宽松，为大家留出很多自主空间。例如，北京大学宿舍没有宵禁，学生可以在任何时间进出宿舍，这就为学生熬夜学习、策划活动，或是聚餐提供了便利。我曾经深夜与舍友到学校附近的小店撸串，谈天说地，直到天亮才回到学校；我也曾在期末考试来临之际窝在学校的便利店中通宵复习，等我走出便利店时，发现东方既白，红日初升。这样的体验是非常难得的，也是非常难忘的。每每回忆起同窗的友情、奋斗的经历，我的嘴角都会泛起笑容，心中都会有一股暖流流过。

总的来说，北京大学的宿舍生活给人以温馨、自由、充满思想的感觉，仅仅一个学期的时间，我就喜欢上了宿舍生活。

（四）学校活动

北京大学的学校活动分为两部分：一部分要求学生一同参加，诸如开学典礼、"一二·九"合唱、毕业典礼等；另一部分则是大家自由参加，诸如社团活动、各种文化交流活动、电影放映活动、艺术展演活动等。

谈到"一二·九"合唱，我的心中满满都是感动而温馨的回忆。学生在大一第一学期就会参加学校组织的"一二·九"合唱比赛，他们以学院为单位组成代表队，排练两首合唱曲目参加比赛。尽管大家平时的学习生活十分忙碌，安排各异，但学院只要发出合唱排练的通知，他们几乎都会放下手中的事情，按时来到学院参加排练。有时候天气很冷、风很大，结束时已经是深夜，但大家从来没有抱怨过排练的辛苦，都在细数着排练时的快乐与欢愉。多年以后，我们的心中不会记得比赛那天得到的名次，但会记得那首歌、那群人和那些闪闪发光的日子。

北京大学校内的电影放映也值得一提。北京大学经常会在百周年纪念讲堂放映一些时下流行的影片,对学生的票价是 10 元钱,相较于校外非常实惠。同时,学校的百周年纪念讲堂还会举办音乐会、戏曲、话剧展演等不同艺术形式的表演,来这里演出的演员和团队都是全国闻名的,学生能够在北京大学感受这样难得的艺术熏陶,实属一大幸事。

(五)未来规划

北京大学学生的未来规划主要有三个方向:就业、保研、出国深造。北京大学本科毕业生在就业市场上还是非常受青睐的,不少学生即使不读研也可以得到不错的工作机会。北京大学给本校的保研机会也比较多,在不少理科院系,绝大多数学生都可以成功保研。虽然文科院系的保研难度稍大一些,但每年成功上岸的学生也不在少数。出国深造也是北京大学学生的一大热门选择,在历年的申请中,很多学生被哈佛大学、耶鲁大学、斯坦福大学、哥伦比亚大学等名校录取,其中也不乏有很多得到全额奖学金的学生。

我个人的规划是,在本科毕业后如果可以拿到一个国内知名律师事务所的工作邀请,就选择就业,在有一定工作经验后再修读更高的学位,争取在学习时可以以一个工作者的视角而非学生的视角进行学习,从而增进对于法学的理解;如果工作邀请不尽如人意,我会选择出国深造,修读法学博士或法律硕士的学位,之后考取美国纽约州的律师执照,进而再考虑就业问题。

五、结语

写到这里,我求学之路的经历与经验就分享完毕了。每个人的道路都是不同的，但我们在求学之路上都会留下拼搏与汗水、勇气与毅力、智慧与技巧。追梦的道路或许很苦，但当你走到尽头，达到终点时回头再看，留下的不会是痛苦与失望，而是拼搏的快乐与美好的回忆。希望你站在梦想的彼岸时，也可以回头看看自己来时的路，看看自己多年拼搏留下的印记，并感谢青春给了自己拼搏的机会。

正因为我们年轻，所以我们敢于拼搏；正因为我们不停拼搏，所以我们永远年轻。我用杰克·凯鲁亚克《在路上》一书中的语句作为结尾："在路上，我们永远年轻，永远热泪盈眶。"

随笔感悟

> 通往北京大学的道路注定是艰难而又充满希望的。千千万万的学子在他们的道路上挥洒着汗水，拼搏进取，努力奔跑向终点。作为曾经在这条路上奔跑的人，我无法替广大学子完成这一趟属于他们自己的旅程，但我或许可以将自己的经验分享给他们，帮助他们躲避路途上的障碍，更加轻松地完成这趟旅程。走向北京大学，需要从亲子教育、学习心态、学习方法三个层面进行努力。<u>在亲子教育上，家长应当扮演一个更有经验的过来人，而不是绝对的权威，要求孩子绝对地服从，无论是在手机使用上还是在学习环境创造上，都应当同孩子将心比心。在学习心态上，学生应当勇敢面对一切挑战，只有尝试了才有机会战胜挑战，如果从一开始就退缩，那么挑战将永远无法被战胜。在学习经验上，学生要树立自己的目标并调整好心态，辅之以具体的学习方法，就能够从容应对考试。</u>希望我的经验可以为大家提供帮助，也希望可以在燕园与广大学子相会。

做一个梦想家，圆一个北大梦

孙祥晨

人生如逆旅，
我亦是行人

毕业院校：河南省驻马店高级中学
录取院系：北京大学光华管理学院
高考成绩：697 分（理科，2018 年）

寒门再难出贵子吗？或许是的。在清华大学和北京大学的莘莘学子中，来自低收入家庭的学生所占比例越来越少。但是只要高考制度不废除，阶级流动的通道就不会关闭。尽管对于寒门子弟来说，这条路可能会比别人困难得多，但是不管道路多么崎岖，只要它是通的，我们就不能说没有到达彼岸的希望。斯特朗曾说："与其诅咒黑暗，不如燃起蜡烛。"

一、我从哪里来

我来自一个农村家庭，自小在农村长大，小学和初中也都是在农村上的。在农村的那段岁月无忧无虑，尤其是跟许多城里的孩子相比，多了许多童年的欢乐。时至今日，我还是无法理解一个初中生每个月花上万元在辅导班上课，因为我整个求学生涯，包括在市里读高中时，都没有上过辅导班、兴趣班。

我的父母没有什么文化，但是对知识有一种天然的敬畏。我认为这是我一生中最大的幸运，因为他们的这一观念深刻地影响了我。我时常可以感觉到我受到的家庭教育和周围的同龄人很不一样，我从来没有考虑过"留在农村"的可能性。小时候，我常常漫无目的地"上网冲浪"，流连于各种论坛，浏览国外的新闻，关注不同的人，以此来认识外面的万千世界，也由此产生了很强的学习动力。

我时常怀疑，艳羡农村的人都是不用在农村生活的人。如果每年只有在油菜花开的时候才来到农村踏青，你自然可以赞美一句"大美乡村"，但农村往往是贫穷的象征。由于经济落后，很多不好的事情曾发生在农村这片土地上。我见过两户家庭因为一条排水沟而大打出手；见过我的小学同学在读完小学六年级后就到南方打工，后来因为偷窃而被判刑；见过打捞队的人在找到溺水儿童的尸体后就和死者家长漫天要价，只有拿到钱后才肯把孩子的尸体打捞上岸；还见过一个18岁仍在上初三的女孩，在操场上跑步时猝死，家长在校门口闹事只为得到几万元的赔偿金。在农村，很多人在年轻时选择外出打工，到了合适的年龄就谈婚论嫁，生下孩子后，就将其留在农村交给爷爷奶奶来照顾，孩子长大了，他们大多也会重复其父母的道路。在打工者中也有人在南方做生意，混得风生水起，给家里寄去充足的生活费，但是这对他们的孩子来说往往并不是一件好事——相对宽裕的物质条件和长期缺位的父母关怀，对孩子的心理会造成不小的伤害，不少小孩会通过泡网吧的方式来填补自己精神世界的空缺。

因此，从小学起，我就发奋读书，希望改变家乡贫困的面貌。当我看到建筑工地里有很多五六十岁的人在烈日下挥洒汗水时，我对他们的处境感到同情，因为他们所处的时代令其无法接触到足够的学习资源，也就无法通过学习来改变命运。但当我看到建筑工人里有不少二三十岁的年轻人身影时，我又感到深深的担忧。

这就是我在小学和初中时成绩一直是全班第1名的原因。那时候的我就好比一条泥鳅：它固然可以在一个小池塘里"作威作福"，但是如果把它丢到湖中，它就算不得什么"大人物"；如果把它放到海里，它很快就会被腌成一条咸鱼。

正是这样一段在小池塘中的经历，让我体会到了作为群体中的佼佼者的感觉。在早期树立人生观、价值观、世界观的重要阶段，我心中有了一个信念：不管身处哪一个群体，我都要成为最优秀的那一个。

这一信念使我成为一个自我管理意识很强的人。对于学习，我基本上不需要家长催促。但有时我也很叛逆，如果有人用很强硬的语气命令我做一件事，那么即使我打算去做，也会索性赌气不做了。我的家长十分清楚我的秉性，所以他们的教育理念可以用四个字概括——"清静无为"。他们虽然十分重视我的学习，但从来不会过多插手。加之上了初中后，他们对我的学习辅导已是心有余而力不足，索性就不再管我了。在饮食和起居方面，他们都无微不至地照顾我，让我可以专心地学习而没有后顾之忧。

除了"清静无为"之外，家长无条件的鼓励也给予我很大的帮助。我的家长担心我对自己过于苛责，而折磨自己的身体。在平时的考试中，我考得好，自然是全家皆大欢喜；但是当我考得很差时，母亲也不会责怪我，反而担忧我为了提高成绩，不断地对自己提出更高的要求，而造成身体上的伤害。因此，母亲总是想方设法地鼓励我，对我嘘寒问暖，而我听到这些鼓励的话语时就重拾了信心，纾解了压抑的情绪。

二、我走过了怎样的路

在 2015 年河南省中招考试中，我以 584 分的成绩考入河南省驻马店高级中学，这是市里的一所重点高中。584 分的成绩虽然在之前的中学排全校第 3 名，但在河南省驻马店高级中学当年的入学考试中只能排到全校第 200 名。因此很遗憾，我没能进入学校的宏志班，而是被分到了一个平行班，即所谓的普通班。

这对当时的我而言是一个不小的打击，因为此前我几乎没有体验过排名跌出前 10 的感觉。我已经习惯了在一个小环境中做一个佼佼者，却很少想过在一个大环境中，比我优秀的人还有很多，原来曾经自命不凡的我不过是坐井观天罢了。在我的前面，还有 100 多个比我优秀的人。宏志班从此成为我心中的一道白月光，直到我高中毕业。

一直以来"佼佼者"的心态让我不能接受现状。从开学的第一堂课起，我就以一种虔诚的态度去对待学习。每一节课，我都认真听讲、做笔记，力求把老师所讲的每一句话都听懂，每节课后我都会追着老师问问题。此外，我对前辈们分享的一切经验都如饥似渴地予以接纳。例如，我们的年级书记曾说他在读高中时每天晚上都到深夜1点才睡觉，我听到后，并没有产生任何质疑，只觉得这大概就是一个高中生应该做的。因此，我有意地一点点延长自己晚上学习的时间：在高一上学期时，我晚上一般在12点30分就寝；到高一下学期时，就调整到深夜1点左右就寝；高二之后，我基本稳定在深夜1点30分就寝。现在想来，刚开学时的这样一个学习状态使我受益无穷：这样一个良好的开端为以后的学习状态定下了一个良好的基调。高中数学和物理最难的部分都集中在高一课本中，而且此后的很多内容也都建立在此基础之上。很多同学在高一第一学期没有打好基础，此后再想提高成绩，需要额外花很多功夫，而且始终会有一种"心虚"之感。

这段时间的努力很快就有了回报：在第一次月考中，我考了年级第18名。成绩和排名出来后，我确实很激动，我为的并不只是一个比较高的分数，更多的是自己心中的阴影消失了。我甚至开始想着，好像不管在什么的环境中，我都能成为其中的佼佼者。

此后，我的学习保持着较好的状态，成绩也渐渐地稳定在年级前10名。我的班主任认为我是一块可塑之才，于是与宏志班的班主任沟通后，准许我在每个周末去旁听宏志班的培优课。

我们班就只有我一个人来自农村。我的口音、穿着、消费习惯，都使我显得有些不合群。在读高中前，我从来没想过一双鞋能卖500元钱。我确实有一双"耐克"球鞋，但是上面"对勾"的比例实在有些不太正常，以至于旁人一眼就能看出它是山寨货，但我当时是认不出的。有一次，我穿着这双鞋在课间问老师问题时，听到了同学们对我指指点点，还不时地发出一两声干笑。当同桌告诉我缘由后，我感到脸上发烫，此后再也没穿过这双鞋。我在农村上学时，书店里卖的都是盗版书，甚至学校里发的书也都是盗版。大家都没有什么版权意识。城里的书店自然不是这样，里面出售的均是正版图书，当然正版图书的价格自是不菲。然而，买书的钱是省不得的，因为投资教育不会亏本，而且相比于找老师补课的费用，买本几十元的图书成本要低很多。高中时期我没有上过辅导班，而是每周去一次学校附近的书店，一旦遇到新的习题册，我就会毫不犹豫地买下，并尽可能地充分利用它，这得益于晚睡带来的课余学习时间。久而久之，我的做题量大约是周围同学的几倍。

高三是一个重要的转折点。我所在的高中与衡水中学建立了良好的合作关系，经常会采购衡水中学的试卷，作为交换，每年我所在的高中都会送几名高三的学生去衡水中学借读。这并不算严格意义上的高考移民，因为借读生还是会回到户籍所在地参加高考。我作为其中的受益者，不久就坐上了前往衡水的火车。我在网上搜索了很多关于衡水中学的新闻，诸如极度严苛的规章制度、神话般的高考战绩。这都给衡水中学蒙上了一层神秘面纱。我告诉自己："今后你就不再是一个旁观者了，种种传说即将变为你的日常生活。"

在衡水中学高三期间，一年有近二十次调研考试，刚开始是每三周考一次，考完一次后放半天假，到后期几乎每周考一次，每三次考试放一次假。第一次调研考试被当作我的入学考试，尽管已经做好了心理准备，但当我得知自己考了年级1 200多名时，内心的落差还是非常大的。我的信念又一次面临挑战：在衡水中学这样一个平台中，我能否成为这个环境中的佼佼者呢？

在衡水中学，跑操一向比较出名。早上5点35分打起床铃，名义上是有5分钟集合时间，其实在2分钟之内所有人都必须集合完毕，而且老师还会把跑操的速度直接与你的学习态度挂钩，跑操较慢的学生会在班会上被点名批评，而跑操第一个到位的学生则被视作比赛的获胜者。当时我就想，既然学习上当不了第1名，那我就在速度上争个第1名吧。于是，每天早上我都是第一个冲出宿舍楼，眼前只有天上的月亮和空旷的操场，身后是那些比我跑得慢的同学。

但是在学习上，我的成绩依然没有什么起色。三次调研考试，我都只考了 500 多分，年级第 2 000 名。在考完试后的半天假期里，我的母亲从河南老家来到衡水中学看我。我说："您把我接走吧，我在河南省驻马店高级中学都没有考过 500 多分，再在这样的环境里待下去只会一点点地蚕食我的自信心，让我变得越来越差劲。"但是母亲的一句话点醒了我："你现在回去，真的会甘心吗？别人会怎么看你，你会怎么看自己？"这时我才明白，从一开始，回到原来的中学上课这个选项就是不存在的。正如衡水中学门口的一条横幅上写的："有来路，没退路；留退路，是绝路！"我想，或许就是我心中总抱着"坚持不下去可以再回去"的想法，所以才没有拼尽全力吧！

返校后，我的心态发生了巨大的变化，做出了破釜沉舟的决定。抓紧每一分钟学习，抓紧学习的每一分钟。每天中午 12 点 40 分打午休铃时，学校就会有人在宿舍查房，如果有学生没有躺在床上就会被记录违纪。高一、高二的学生基本上都是中午 12 点 25 分出教室，高三的学生大多也是中午 12 点 30 分就去吃饭了。我每次都是中午 12 点 36 分才跑出教室，冲到食堂里，那时候基本上已经没人排队了。打完饭后，我直接就往出口走，一边走一边吃，基本上 2 分半钟可以解决掉一顿饭。如果哪一天我实在饿极了，就会走得慢一点。还有的时候，食堂的饭菜卖完了，我就会回宿舍拿士力架充饥。我和其他同学之间的差距不是一两天形成的，就只能付出更多的努力，至少在时间上要有保证。第四次调研考试前，我给母亲打电话，说自己这么一段时间下来，已经做到问心无愧了。要是苍天有眼，就让我考好这一次。

成绩出来后，我考了年级第 65 名，终于有一种扬眉吐气的感觉了。或许是心理作用，我觉得班里的同学看我的眼光都不太一样了，上课时老师开始向我提问了，慢慢地，有同学跟我讨论问题了。当我的自尊心得到满足后，做事的效率提高了很多。之后，我的成绩一路高歌猛进，一直保持在年级第 50 名左右。在衡水中学的借读生群体中，我成为一个"传奇人物"。正是在这段时期里，我萌生了一个想法："万一能考个省状元呢?"

但是这样的状态并没有一直持续下去。在高考前最后的100天里，我的成绩有了大幅的波动。第十四次调考，我的排名掉到了第232名。当时我以为这只是一次偶然的失误，但没想到的是，这竟然是噩梦的开始。之后几次考试的排名，我都记在反思本里：第十五次调考，第368名；第十六次调考，第305名；第十七次调考，第290名；第十八次调考，第431名。我至今仍然记得第十九次调考之后，也就是还有一个月就高考了，那次考试，我竟然考了800多名。

请大家想象一下我当时的感受，我已经很难用语言去表达了。那时的我真心觉得命运原来在捉弄我，先是给了我希望，然后在最后关头给我当头一棒。

正好那次赶上假期，我一回到家就哭着跟我在河南省驻马店高级中学的班主任打了电话。我们谈了将近2个小时。我说时间来不及了，我已经没有希望了。她说："当你觉得为时已晚，那恰恰是最早的时候。"当时，这句话给了我很大的触动。那天晚上，我向母亲倾诉："假设这次考试就是高考，如果我高考考成这样，我该怎么办?"母亲难过地说："我为你感到委屈。从小到大，你付出的努力我都看在眼里。"我又情不自禁地哭了。我们相拥而泣，哭了1小时。然后我跟母亲说："我很高兴，这次不是高考。但我就把它当作高考吧!从明天起，我就开始复读了。"

第二天，我坐车回到了衡水中学，有了一种浴火重生的感觉。第二十次调考，我考了全班第1名，年级第20名。

6月3日，我离开衡水中学，回到河南。一切按部就班，每天刷几套模拟题，有不会的题也不慌张，及时弥补就好。因为我经历了大起大落，很多事情已经不能在心中激起波澜，好像高考也没什么大不了了。6月8日下午，英语考试结束后，我站起来，收拾文具，并没有如释重负的感觉,就好像只是一次普通的考试结束了。早前排练过无数次的模拟考试不都是为了这一刻吗?我真切地体会到班主任一直说的话:"平时如高考,高考如平时。"

说也奇怪,在得知自己的高考成绩时,尽管亲戚、老师、同学都欣喜若狂,但是我自己并没有什么特殊的感觉。难道是因为努力过,面对成绩就不再悲喜?

三、路上的经验和教训

衡水中学的老师说过:"成功的经验才叫经验,失败的经验那叫教训。"按照这种说法,我小学和初中的学习经验实在不能算作经验。那段时间我过于"快乐",也从来没有补过课。无非是按部就班,上课的时候认真听课,下课后就认真写作业。老师布置的任务我都会不折不扣地完成,但是完成任务后,剩下的时间就是我自己的了。我绝不会给自己揽活儿,也不接受老师以外的人给我布置的任务。有一次,母亲去市里处理事情,路过一家书店,就随手给我买了些习题册。回家后,她把习题册递给我,我勃然大怒,当着母亲的面把书撕了个粉碎,为此还与母亲大吵了一架。现在想来,那时我的情绪太过激动,可能是处于叛逆期造成的。

那么,平时的我会做些什么事情呢?说起来有些惭愧,我非常喜欢看小说,特别是网络小说,以至于除了学习、睡觉以外的所有时间几乎都会拿来看小说。我读过《神印王座》《遮天》《斗罗大陆》……这些都是那时很火的网络小说。此外,我还读了全套的《冰与火之歌》《三体》,并对刘慈欣极为崇拜,甚至找出了刘慈欣写过的所有小说来拜读。现在看来,当初痴迷小说,浪费了不少的时间,但是事物都有两面性,初中时期对小说的沉迷也带给我不少的好处:一是小说给了我一个快乐的童年，这是很重要的。二是我读了那么多小说，对网络小说的写作套路了如指掌，于是也就腻了，整个高中时期，我再也没有沉迷小说。而很多同学在高中时入了小说的"坑"，这肯定要比初中时沉迷其中更为致命。三是《三体》系列的小说对我产生了很大的影响。我被那种史诗般宏大的叙事方式所感染，"宇宙"成为我思考的对象。因此，我立志成为像丁仪那样的天体物理学家。虽然这个目标如今是实现不了了，但是我对物理学产生了极大的兴趣，从而使得我整个高中阶段都把物理学得很好。

读到这里，你可能会问："在这种学习状态下，为什么你还能学得不错呢？"正如前文所述，在农村的学校里，学得不错的标准很低。虽然我不会去做额外的任务，但是老师布置的任务我都会保质保量地完成。这在我所在的学校里已经是很少人能够做到的事情了。另外，我一直坚信学习成绩与付出努力的关系可以用一个对数函数的图形来呈现，你可以用20%的努力换来80%的分数，但是需要多付出80%的努力来争取剩下20%的分数。因此，虽然我在农村的那段时光过得很悠闲自在，但是该做的事情我都做了，成绩自然不会太差。

虽然在初中阶段我实在没有什么拿得出手的经验，但是有一个惨痛的教训供君参考。初三中后期，老师将新课全部教完后，我们转入了复习阶段。在前三轮的复习中，我自恃成绩不错、基础扎实，时常觉得听课是一种浪费时间的行为，因为一节课里老师有30分钟都在讲我已经掌握的知识，于是我就自己做一些题进行训练。坚持了一段时间后，我发现自己的成绩竟是一路下滑，到了中考前最后一个月，竟然在一次联考中数学只考了70多分。直到最后也没有奇迹发生，我中考的成绩并不理想，甚至比平时考得还要差。事实上，不管是高三还是初三，到了复习冲刺阶段，一节课里绝大多数时间老师讲的都是学生已经掌握了的内容，面对复习课，正确的态度应该是什么呢？我认为，要有这样的心态：事到如今，核心的知识都掌握好了，复习课的目的就是挖掘出零碎的、薄弱的知识点。一节课下来，哪怕你只学到了一两个新的知识点，就已经很不错了。所以为了能够发现这一两个新的知识点，即使老师只用了 1~2 分钟来讲它们，也要拿出 45 分钟的专注度来捕捉。上课时间能否做自己挑选的题呢？你能做出来的题都是你已经会做了的题。很可能出现的情况是，当老师正在讲一道你不会的题时，你却在专心做一道已经做了上百遍的题，以至于完全没注意到老师在说什么。到了中考的考场上，这道题出现在考卷上，你傻眼了。最闹心的就是，你知道这道题老师讲过，你还知道自己当时没认真听。因此，在这里我想奉劝大家上课时还是要认真听讲，不要另起炉灶。

谈及高中阶段，我确实有一些经验之谈可以分享。先想要澄清一个误区——我们总是喜欢把学习成绩与智商挂钩。"谁谁是学霸，他天生智商就高……"坦白地讲，我也曾自认为聪明，直到我做了一个智商测试，发现自己的 IQ 只有 108 分时，我开始坚信：智商高就是学霸，这就是个伪命题。

每一个人都是独一无二的。家庭氛围、儿时经历、后天奋斗……这些都是影响学习成绩的主要因素，仅仅以智商的高低来对人进行定义，这不正是一种反智行为吗？

没有谁能够随随便便获得成功。学习也好，工作也罢，我始终相信，天道酬勤。当我们急于寻找一种完美的学习方法，以提高自己的学习效率时，往往会忘记：

$$P = \frac{W}{t}$$

这是一个初中物理的公式。它代表什么意思呢？如果没有足够的时间投入，纵使效率很高，做功也是很少的。如果说真的有一种在学业上取得成功的捷径，那就是坐稳冷板凳。别人早读唱歌时，你放声背书；别人上课走神时，你专心致志；别人下课打闹时，你专心做题；别人吃一顿饭要 30 分钟，你 5 分钟"解决战斗"；别人中午放学玩 2 小时，你吃完饭就坐在班里学 2 小时；别人晚自习聊天、说笑，你始终埋头奋笔疾书……抓住每一分钟学习，抓住学习的每一分钟，长此以往，无论你多"笨"，你的学习方法多低效，你仍会取得令人羡慕的成就。

　　回忆高中三年，我印象比较深刻的场景就是每个周末、假期，学校空无一人，我背着书包上楼，楼道里安静得能听见自己的心跳声，这时候，我会感受到一种特殊的温暖，好像是一种家的感觉。学习到深夜回家时，三座教学楼全都是暗的，只有我的班级亮着灯，这时的空气是清新的。

　　从高一下学期开始，我没有在晚上 12 点前睡过觉。学习到深夜 1 点 30 分是常态。那个时候，整个城市都睡着了，而我还醒着做题。这种感觉很美妙。

　　每每这时，孤独感是有的，但人总要学会享受孤独。无论父母多么殷切期望，老师、同学多么热心帮助，坐在高考考场上，没有谁能够帮助我们。学习本就是一场孤独的修行。当你烦躁无比、无心学习时，觉得自己"没找到合适的方法"，向老师、同学，甚至专家请教时，我相信你明白自己需要的只是静下心来再多做一道题，请你记住一句话：唯有自渡，他人爱莫能助。

　　说到这里，你应该明白了，没有什么天生的学霸，一切只是厚积薄发。当你心无旁骛、一心向学时，在做题的过程中，你的潜意识就在不停地思考更好的方法。这种自己悟出来的方法才是有意义的。如果这时，你还想听听我的学习方法，那我就分学科地告诉你我自创的一套学习方法。

　　(一) 语文

　　或许有人认为，语文这门学科不容易拉开差距。这话既对也不对。高一、高二时，好像大家的成绩都在 100 分徘徊，偶尔有人能到考 110 分以上或是 120 分以上，那已经非常厉害了。但是在高考中，高手对决异常激烈的战场，就是语文。为什么这么说呢？因为将目标定在"双一流"大学的同学，数学、英语、理综的成绩基本能接近满分，不太能拉开差距。但是语文呢？有不少同学在冲刺清华大学、北京大学的时候，容易受到语文的限制。因为语文太容易考到120分以下了，但是有些同学竟然能把语文考到130分，甚至是140分，这就能拉开差距了。举一个极端的例子，我在北京大学光华学院有一位同学，她是河北省的理科榜眼，语文考了144分，据说是错了两道3分的选择题。因此，语文是很重要的。

那么，怎么学好语文呢？我下面要说的方法算得上是比较偏门的"武功秘籍"，希望你能以辩证的态度采纳。高一、高二时要把绝大多数的心力放在物理和数学上，接着是化学、生物、英语，语文放在最后。在这个阶段，你可以不慌不忙地积累一些作文素材或者练练文笔。别的就按部就班，上课认真听讲，下课完成任务。到了高三的冲刺阶段，就不要把太多精力放在作文上了，因为投入和产出比太低了。作文是一个长期积累的过程，高一、高二没打好基础，高三不太好速成。我不喜欢高中作文的套路，感觉矫揉造作，所以我高一、高二阶段没有刻意地练习过作文，到了高三，作文分数从来没上过50分，经常在45分徘徊。一开始我很着急，但不久后就不着急了，因为急也没用。我思考了一下：作文确实占了语文试卷分数的大头，但是，它毕竟只有60分而已，剩下90分是完全可以争取的。而且，我语文常考110分，这是在作文中扣的分吗？作文也就扣15分，剩下的25分哪里去了？原来都输在了前面的题目上。于是，我制定出以下"三步走"战略：

第一步，做好选择题。一张语文试卷里有将近20道选择题，而我有时候会错5道以上。5道就是至少丢掉了15分。而选择题有一个特性：它的答案是固定的，对就是对，错就是错。这就比作文容易拿分多了。于是，我买来了一大本语文模考题，里面大概有50多张卷子。每张卷子我只做选择题，大约30分钟解决其中一套，用了近半个月刷完了里面所有的选择题，此后基本上就没有在选择题上丢分了。

第二步，做好文言文、诗词题。这是块硬骨头，但也是有参考答案和得分点的。这就代表着，还是有套路可循的。如果你能将文言文的 120 个实词和 18 个虚词的意思背诵下来，翻译题就差不多了。而诗词赏析题翻来覆去就那么几个题型，你把模板背一背，再积累一些常见的意象，诗词也就掌握得差不多了，起码可以保证这部分失分在 2 分以内。

第三步，做好现代文阅读题。小说、散文也是可以积累模板和套路的，这样就算你完全没读懂文章内容，至少也能拿一半的分数。实用类文本本身不难，尽量将失分控制在 5 分以内。

这样一套流程走下来，虽然作文还是只能得 45 分，但是剩下的 90 分可以拿到 80 分以上，这样语文成绩的下限就提高到 125 分。如果你运气不错的话，考到 135 分也不是梦。我在高考时，语文作文没写完，所以最后只得了 121 分，希望大家引以为戒。

(二) **数学**

学习数学实在没有什么捷径，主要是多做题。尽量将不会的题目快速解决，可以考虑整理改错本。提到改错本，我想啰唆几句："不要把改错本当作集邮册。"我见过不少同学的改错本，他们将错题裁剪下来，贴到本子上。这就好比说，"我们不生产答案，我们只是答案的搬运工"。可是这有什么用呢？你什么时候看改错本？怕是再也不会浏览了吧？就算你看了改错本，但只看一遍能记得住吗？还不如自己动手做一下，这道题你就永远掌握了。确实，面对自己做错的题很难记住，但是越难的过程带来的收益越大。毕竟搞清楚一道不会的题比刷一百道原本就会的题顶用。千万不要迷信"会了的题要多做，保持手感"，高三的时候光是各种考试就足够把你累到想闭眼了。

除非你真弄懂了题目，并亲自做出来了，否则不要把不会的错题放入改错本中。不然，想象一下，你一直拖到高考前才回过头来看你的改错本。这不看还不打紧，一看呀，整本都是你不会做的题目，心态分分钟崩塌。

（三）英语

英语和语文不一样。我时常想，只要背完了3 500个单词，一个高一的学生就能去做高考英语的卷子。事实上，我在高一结束的时候还真就做了一下当年的高考真题，考了140分。

英语学习需要依靠朗读，如果你没时间读英文原著的话，不妨通过多做题的方法提高阅读量，而且这很容易做到碎片化学习：因为一篇英语阅读题通常只需要几分钟就能做完，这就意味着如果你想高效地利用时间，完全可以在每一次课间做完一篇英语阅读题。高考前，我每天早上会在课桌上放一张英语卷子，然后每次课间做一道题，一天下来，我可以做完一整套题。

顺便一提，关于英语作文的字体，衡水中学推荐的印刷体确实是比较讨巧的。市面上也有不少字帖，大家可以买来临摹。不过要注意的是，英语单词写得好看不代表句子、段落写得好。需要注意英语单词与单词之间的协调，诸如英语单词高度要一致，词间距也要一致，等等。

（四）物理

如果你还是一名初中生，请你牢记：上了高中后，开学前两个月的物理课一定要认真听！当然，其实每一节物理课都要认真听。高一的物理课程实在是太重要了。我见过太多没学好这一课程的同学整个高中三年都被物理搞得痛苦不堪的例子。

如果你已经是一名高中生了，而且很遗憾，你没有学好物理高一的课程，千万别灰心，只要高考还没来到，你就有充足的时间去把这一内容学好。

事实上，学习物理要有攻坚克难的精神，而且最好在高三之前就把该攻的坚攻下来，该克的难克服掉。我的一个小建议：多刷一刷选择题。因为很多选择题本质上就是一道大题，那么刷选择题的过程就是同时练习了各种题型。

我有一套"九字心法"分享给大家：找关系，套公式，解方程。题目中给出的数据相互之间必定都有联系，可以先想一想它们的关系是什么、适用于什么样的方程，然后再解方程。解方程还是挺重要的，大家可以通过做题的形式进行训练。

（五）化学

正所谓，会者不难，难者不会。你可以在高三复习的时候捧着一本小册子去背课本里出现的所有化学方程式，但是我更建议你在一开始学的时候就将知识点记牢。如果你已经高三了，却还不知道"38324""14122""4546"这些神奇的数字，我建议你可以适当反思一下。

我经常会思考：为什么自己算圆锥曲线、做导数题一做一个准，却老是把加、减、乘、除给算错？解决这个问题，回头检查是一个很好的方法。做流程题和实验设计题，既可以帮助我们积累术语，又可以锻炼我们的大脑。做选做题时，你可以将"有机化学题"和"结构化学题"都练一下，不要只练其中一类题。因为你不知道高考的时间是否充足：究竟是时间充裕，可以选择前者争取满分；还是时间紧迫，只能选择后者快速抢分。

（六）生物

生物课本中需要识记的内容最好能够背诵下来。理综选择题中生物部分必须做全对。这门课本身并不难，就怕有些同学在开始答题后2~3分钟就做完了6道生物选择题，然后稀里糊涂地错了3道，千万不要干这种用最快的速度扔最多的分的事情。

生物的实验设计题是很考验科学思维的，很多思维模式到了大学里仍然适用。那么究竟该如何应对呢？说得玄乎一点，就是要培养科学思维；说得接地气一些，就是要总结常见的套路、模板，培养时刻关注扣分点和得分点的意识，不要在答题框里写一堆废话，让老师无从找到得分点，也无法给予你相应的分数。

虽然我给出了上述针对不同学科的一些建议，但是我也知道，近几年高考改革的趋势是渐渐模糊文理之间的边界，给予学生自主选择的权利，所以有人很可能并不会选择理综。事实上，如果让我提供建议的话，我一定会推荐物理和历史，剩下一门全看个人爱好。这不光有难度上的考量，更多的是从长远来看，物理和历史的知识对于很多行业而言都十分重要，而且这两门学科对学生的思维方式的塑造十分有帮助。既然单门学科的学习经验可能用不上，那么有没有一些普适性的建议呢？当然是有的。例如，我在数学部分着重提到的对待改错本的态度，对于许多学科而言也同样适用，而且应该被给予同样程度的重视。又如，我前面提到的用英语阅读题来进行碎片化学习的方法，也完全可以加以拓展：在每次课间做一道语文的诗歌题、生物的遗传题等。你不能指望着先用别人的学习方法来武装自己，再开始学习。你需要的是，先硬着头皮上战场，然后在实战的过程中，去体悟、归纳、总结，最后得到一份真正属于自己的"功法"。

当你十分重视学习，而不想浪费碎片的时间，自然会主动地运用自己悟出来的方法，这和别人告诉你的方法是有本质区别的。现在我提醒你，可以在课间做一做英语阅读题，明天就会有人告诉你，可以在课桌上放一本英语单词书，每次课间背 10 个英语单词。如果你没有自己的想法，不但容易被别人误导，更要命的是，可能会失去独立思考的能力。归根结底，好的学习方法就是找到一颗重视学习、热爱学习的心，并付诸行动。

四、我往何处去

我的高考志愿其实选择得十分草率。高考成绩出来时，我处于一种很麻木的状态。人生的前 16 年的时间，我都用来追逐一个"北大梦"和"清华梦",现在两所学校都向我抛出了橄榄枝。选择哪所学校、哪个专业呢?在衡水中学的日子里,我满脑子都是分数,谁会有工夫思考人生规划呢?

如果放在高一、高二时,我肯定会毫不犹豫地选择清华大学的物理系。初中时读《三体》系列让我立志成为一名天体物理学家。高一、高二时,我十分热爱物理。但是在衡水中学求学过程中,我意识到自己的物理成绩其实很差,比我强的人还有很多。慢慢地,我变得不喜欢物理,甚至有些害怕物理了,而面对其他学科时也是如此,我开始失去了对各门学科的热情。

当没有了精神追求,不能靠梦想来支撑生活时,那么至少可以追求一个体面的物质生活。带着这种庸俗的想法,我选择了北京大学光华学院。高一、高二时的我一定会鄙视自己的这个选择,因为那时我读了施一公教授的一篇文章,在那篇文章里,施教授很痛心地批评了"我们的状元全都去学金融了"的现象。我也对此十分痛心,觉得国家要强大,还是要靠人才、靠科技,聪明的人有责任、有义务去投身科技的前沿。我到现在也是这样认为的。但是我斗胆对施教授的说法提出一些异议:聪明的人确实应该为人类着想,去开拓人类知识的边界,但是高考状元并不一定是最聪明的人,有时甚至连普通的聪明都算不上。我就是一个很好的例子,我不过是比较勤奋罢了,而且还不一定比大多数伟大的劳动人民勤奋。像我这样的人,即使投身科学界,也只不过是踏一踏前人走过的路,对国家、对全人类做不出什么贡献。此外,选择北京大学还有一个很重要的原因:衡水中学"追求卓越"的校训与清华大学一脉相承。既然如此,我就选择了北京大学。

读到这里你可能对我很失望,难道"北大人"真的就像钱理群教授批评的那样,都是"精致的利己主义者"吗?实不相瞒,我对自己也很失望。填报志愿的那天,我狠狠地哭了一场。当时在场的招生老师和我的家人都懵了,还以为我是太激动了。只有我自己知道，我是为一位死去的少年而哭泣，他曾经有着天真而纯洁的梦想。

时间会抹平很多东西。到了9月，北京大学开学后，我怀揣着期待与憧憬步入了燕园。北京大学真的是一个自由的殿堂，在开学的第一次全院大会上，辅导员说："在这里，不要老是问'可不可以'，你且去翻校规。只要校规没有禁止的，你想要做任何事、说任何话，都可以。如果有人指责你不守规矩，你就让他明确地指出来你违反了哪条规矩；如果他说不上来，就不需要理会他。"我听完后，不得不为之动容。

北京大学光华学院的院训是"创造管理知识，培养商界领袖，推动社会进步"。她为学生设计的培养方案十分完善：大一时，新生要接受高等数学、线性代数、经济学的洗礼，没有任何关于金融实务方面的课程。光华学院的原则是，年级越低，"地位"越高。我们的经济学课程是由院长、副院长、应用经济学系主任三人合力来讲授的，这三位都是长江学者。至于EMBA的课程，虽然是面向功成名就的企业家，学费高达每节课1 000元钱，却常常是交给新录用的老师来"练手"。当然，可不能小看光华学院的新老师，因为即使是常青藤学院毕业的博士想要加入光华学院，也需要经历激烈的竞争。

幸运的是，我刚入学就得以聆听大师们的讲授，从中收获颇丰。慢慢地，我了解到学习金融并不是一种对现实的妥协，也无须感觉羞耻；相反，金融行业对于国家的发展有着举足轻重的作用。例如，我了解到，如果不是有光华学院创院院长厉以宁老先生（人称"厉股份"）推动的股份制改革，我国的国企仍然将囿于计划经济的泥沼，既冗杂又缺乏活力，改革开放以来的种种机遇也就无从被人抓住。如果说家庭是国家的细胞，那么企业就应该是国家的器官，至于金融，那便是使器官得以正常运作的血液。

何为金融？金融的本质就是资源的优化配置。你有多余的资源，这些资源你放在自己手里并不能产生它本可以产生的价值，那么，你就应该把它借给别人，因为别人可能有一个绝佳的创业想法、有一项新的技术、有一个勤劳肯干的团队，却缺乏一笔启动资金。有了你的投资，他们就能为社会创造价值，而你也能收到相应的报酬。用经济学的学术语言来讲，这个过程完全是一个帕累托改进，社会总体的福利得到了提升；用我们院长的话来讲，我们的国家需要四种人才，即卓越的科学家、伟大的企业家、专业的职业经理人、有情怀的银行家。科学家是开拓者，企业家是指引者，职业经理人是执行者，银行家为他们解决后顾之忧。光华管理学院的使命，就是培养后三种人才。这些话击中了我麻木的心灵，让我知道自己不必为"精致利己"而感到内疚，因为我完全可以"利他"。金融也可以分为好的金融和坏的金融。好的金融是投资，而坏的金融是投机。好的金融为社会创造价值，社会也会相应地做出回报。

迈过了心里的坎，我明显感到自己的精神世界更加阳光，也能以更加积极的心态去面对生活。我时常逼迫自己走出舒适区，多去尝试新的体验。我热爱社交，与人为善，用心交换心；我努力学习，即使在光华学院也有一个不错的排名。有时候，我会在深夜里站在宿舍的阳台上，吹着凉风眺望博雅塔，回想自己已经走过的、短短的人生道路，时常会觉得自己过于幸运。从农村走出，就读于中国的最高学府，在18岁的年纪，得以每日聆听大师的教诲；涉猎历史、政治、哲学，会用经济学的思维理解世界。我的身边有我爱的人，也有爱我的人。世界对我充满善意，我对世界也充满善意。

人生是一场百米赛跑吗？我认为不是。人生不是任何形式的比赛，也没有名次和输赢。人生是一场旅行，你想看什么样的风景，就走什么样的路。

随笔感悟

　　如果你也曾质疑社会阶层流通的大门是否已经越来越狭窄，那么建议你读一读这篇文章。当然，我并不是想骗你说："不是的，这个社会很公平，所有人都处在同一个起跑线上，有着同等的机会。"<u>这个世界并不公平，有的人可能生下来就抓到一手好牌。但是，难道抓到烂牌的人，就可以退出游戏了吗？那可不是一个好玩家。</u>

　　在2018年的那个夏天之前，可以说，我生活的全部都是为了一件事在奋斗——高考。但是高考结束了，生活可不会就此结束。或者说，真正的生活才刚刚开始。

焦静泊

登峰造极诚可期，垒山不止即幸福

毕业院校：西北工业大学附属中学
录取院系：北京大学新闻与传播学院
高考成绩：640 分（文科，2015 年）

前些天，我不知在哪看到一句话："人不是活一辈子，不是活几年几月几天，而是活那么几个瞬间。"我闭上眼睛，回想自己人生中值得纪念的瞬间，竟一时间大脑空白。我是一个在任何方面都毫无天赋的普通人，生活不能算顺风顺水，但也没有出现过重大偏差。幸福感的峰值和低谷的起伏不大，以至于我常常混淆它们的存在。就是这么一个平凡到有点愚钝的女孩，居然在北京大学完成了学业，自己想想都觉得不可思议。

大四上学期申请国外研究生的时候，我做了一个霍兰德六型人格测试，结果显示，我是集"外向""实感""思考""知觉"于一体的"挑战者"型，与女演员安吉丽娜·朱莉属于同一类型。"我热爱生活，喜欢自由的感觉。如果我不能拥有这些，那么我觉得我像关在笼子里的动物，我宁愿死去。"翻看安吉丽娜·朱莉的语录，我确实感受到了深深的共鸣。我热爱音乐和自由，喜欢尝试不同领域比较前沿的东西，对生活和美有着自己的理解，即便运动能力极度匮乏，也还是喜欢尝试滑板和滑冰。我一直期待留下一些值得记录和分享的时光，也正是带着这样的"侥幸"心理，我开启了这篇文章的写作。

一、彼此促进，共同成长

人们常说："幸福的人用童年治愈一生，不幸的人用一生治愈童年。"在这一点上，我很庆幸，自己生在一个和睦、民主的家庭。我的家庭是典型的三口之家，小时候，父亲工作忙，母亲辞职做了全职主妇，以便照顾我的生活，陪伴我成长。在人生最初的价值观和世界观的形成上，父母是我的好老师。

(一) 对这世界最初的观察

小时候，我喜欢昆虫和小动物，在6岁之前，我立志要当一名昆虫学家。每逢暑假的夜晚，"昆虫奏鸣曲"响起的时候，父亲都会带我去院子里捉蟋蟀。小小的蟋蟀身上有着大大的奥秘，我把它们养在矿泉水瓶子里，喂它们大葱，观察它们蜕皮、成长。那时候，我还不太认识字，在书柜里翻出一本法布尔的《昆虫记》，缠着父亲每天晚上讲给我听。后来，我还相继养过蚕、兔子、猫、小鸡、金鱼、巴西龟。和昆虫、小动物们的相处让我懂得这个世界的多元和温柔，懂得人类并不是大自然的主角，正如我们每个人都并不是社会的主角一样，唯有相互照顾、陪伴、关爱，各尽所能，才能促进每个个体的成长与发展，实现整体的和谐运转。

小时候，我喜欢和父母一同去全国各地旅游，因为旅游的时候我就可以不用练钢琴了。6岁的那个暑假，我们一家去山东省日照市度假。这是我第一次到另一个城市，我还记得出发前的那个晚上，我激动得一整夜没合眼。在日照市的海边，父亲带我学会了游泳和捉螃蟹。和我们同行的还有哥哥一家，哥哥也是个"动物迷"，每天在海边沙滩上捉各种小虾、小蟹，放在酒店的小鱼缸里养着，然后给我讲它们分别属于什么科。虽然我暂时可以不用弹钢琴了，但写游记是逃不过的。每次旅行途中，母亲都会有意提醒我注意观察周围的人和景，与我探讨当天的所见所闻。最初，我只能写三四十字，还是一周写一次，但慢慢地，在母亲的引导下，我学会了在游记中表达自己的想法，能写到一两百字了。我家的书柜里有很多父母年轻时读的书，其中不乏世界名著。自打我识字了之后，就经常翻出这些书来看，父母也常常鼓励我，每个周末他们都会抽出时间与我交流读书心得。我印象深刻的一本书是《英格兰玫瑰：戴安娜王妃传》，它在我幼小的心灵中埋下了成为一位有社会责任心的优雅独立女性的种子。小学期间，我还读了《呼啸山庄》《基度山恩仇记》《乱世佳人》《战争与和平》等作品，虽然鉴于历史知识和人生阅历的限制，我对这些书理解不深，但它们为我的作文提供了大量的素材和优秀的模板。《淘气包马小跳》《冒险小虎队》等通俗儿童文学作品也是我的至爱，我还记得自己曾因在班里的图书角和闺蜜抢一本《冒险小虎队》而大打出手。从小学三年级起，我的作文就被当作范文在班级里分享。四年级的暑假，我还试着创作了一本小说，现在再看到仍感觉童真满满。

（二）初中谈恋爱，母亲给我写了一封信

一转眼到了初中，那时班里掀起了一股"韩流"的热潮。每当放学后，女生们便扎堆讨论韩剧和小说。在那个情窦初开的年纪，受到韩剧"玛丽苏"剧情的熏陶和生物课本的启蒙，我对爱情产生了许多不切实际的幻想。刚上初中时，我所在的双语实验班，男女生的比例大约是1∶4。为了避免女生只跟女生同桌、男生只跟男生同桌，老师每隔几周就会调整一下座位。初二开学时，我同一位和我互有好感的男生做了同桌，随即展开了一场"游击战"似的恋爱。

早恋的感觉比普通朋友的交往多了一份惊心动魄，比成年后的恋爱多了一份纯真无瑕。我们努力创造约会的时机，躲避老师和家长的侦查。不知不觉间，学习的时间少了，出去玩的时间多了，我经常整晚整晚地盯着书本发呆，思考明天给他写什么样的情书。期中考试时，我掉到了年级第5名，他的成绩也退步了。我本以为自己的成绩还算过得去，但纸终究包不住火，老师和家长很快发现了我们的变化。先是老师叫我们去办公室谈话，而后他的家长又来学校找老师谈话。我寻思着，我的父母也该出动了。因此，那段时间里，我每天晚上回家都是提心吊胆的，生怕母亲翻出我在床下、沙发后藏的情书和小礼物，甚至担心她对我展开连环质问。然而母亲仿佛什么也不知道，依旧每天做好香喷喷的晚餐，循例过问我的学习情况，督促我锻炼和吃水果。只是在她的书架上，多了几本亲子沟通的书，我和她散步时的讨论话题，也多了关于两性和婚恋观的内容。母亲的态度令我安心了许多，不管她是否支持我早恋，至少她没有把我当成一个堕落

少女或是不合群的怪物。

热恋期过后，我开始把更多的心思放在学习和正常的社交上。闺蜜发现了我的变化，对我说："你终于又回到我们身边了。"很快，期末考试到了，初中的知识于我而言并不困难，我全力备战，很快又夺回了年级第 1 名的宝座。回到家后，我看到桌上母亲写给我的一封信，才明白她的良苦用心。其实，她早就从老师那里得知了我早恋的事情，起初她很苦恼，认为是自己的教育方式出了问题。但是，当她看到我的期中成绩并没有因谈恋爱而下滑太多时，就选择信任我，给我和她一些时间去理解彼此。她读了一些关于亲子教育和青少年心理学的书，了解到早恋并没有那么可怕，对爱情的好奇是青春期的孩子成长的必经阶段。作为母亲，她能做的不是阻止，而是正确引导。于是，她开始趁着与我聊天的机会告诉我一些关于两性和恋爱的知识，教会我在爱情中自我保护的方法。当她看到我并没有沉沦进去时，心里很欣慰，也更加相信自己的做法是对的。读完信，我不禁潸然泪下，原来我所看到的每一个不经意的举动，都是母亲深思熟虑的结果。至于那段恋爱，在我初三重新分班之后，我们就自然分开了。

正如龙应台所说："所谓父女母子一场，只不过意味着，你和他的缘分就是今生今世不断地在目送他的背影渐行渐远。"在这个世界上，我是第一次做女儿，父母也是第一次做家长，双方必然都会有失误的时候，但幸运的是，我拥有愿意陪伴我一起成长的父母。他们绝不会拿"第一次"作为借口，而是不断地学习，让我们彼此在思想和情感上越来越靠近。

二、屡败屡战，愈挫愈坚

时间会冲淡很多感觉，骄傲的、欣喜的、难过的、感动的、羞愧的……然而，总会有一些感觉，每每回想起来，便恍如昨日一样历历在目。这些感觉大多有着曲折的故事性，或从不被认可到被认可，或从被嘲笑到被赞扬，或从被质疑到被肯定。讲述励志故事的来龙去脉是一件痛苦的事情，因为你不得不去仔细回忆那些给你带来不适感和挫败感的细节。为了减轻这种痛苦和折磨，我决定从尽可能小的励志故事开始讲起。

（一）我与钢琴的一段"孽缘"

6岁那年，我开始正式地跟着钢琴老师学习钢琴。我对音乐的热爱是与生俱来的，很快我就对其爱不释手。9岁那年，我换了一位钢琴老师。新来的钢琴老师似乎更为严格，每周布置两三首曲子，只要我练不好就免不了一顿责骂。新来的钢琴老师对我的手型有许多不满，常常皱着眉头抓着我的手说："你的手指太尖，敲琴键根本使不上力，不适合学钢琴。你的骨架小，手也小，弹八度都费劲，不适合弹钢琴！"每当我练琴进度比其他孩子慢的时候，她又会说："看看人家弹得多好，你这样的，真的不适合学钢琴。"

"不适合学钢琴"成了我那时的噩梦，我一度变得自卑、纠结，甚至质疑自己："该坚持下去吗？"坚持有点难，放弃又不舍，我就这样稀里糊涂地努力着，考完了钢琴10级，熬过了小学6年。为了打破"不适合学钢琴"的魔咒，我秉持着天赋不够勤奋来凑的精神刻苦练琴。别人每天练一个小时，我练两个小时；别人周末出去玩，我在琴凳上一坐就是一天；别人只要练好钢琴老师布置的曲子就够了，我还要查阅曲子的创作背景，找出作曲者的其他作品来练习。小学六年级时，我已是多项全国钢琴演奏比赛金奖、银奖的获得者，每每在学校音乐会、新年晚会上表演都会收获一众欢呼。不知从什么时候起，那位钢琴老师再也没说过我"不适合学钢琴"，反而我成了她"早就看好"的得意门生。

（二）当青春期碰上成绩退步，我选择自救

高一那年，我遭遇了人生中第一次社交危机。高中的学习在深度和紧凑度上都比初中高很多，我上的是全省最好的中学的理科班，身边都是从小学奥数、竞赛一路过来的"大神"，老师的讲课节奏就像是为他们"量身定制"的，不给我这种"学渣"以任何喘息的机会。听课跟不上，回家自己又弄不懂，第二天还要吸收新的内容，我在繁重的学业与竞争压力下逐渐变得手忙脚乱。从年级第1名落到年级第200名的心理落差真的令人难以接受，我下定决心拼了命也要再创往日的辉煌。也许是内心的焦虑和自卑表现在了日常的言行举止中，同学们渐渐地开始疏远我：我和同桌吵架，关系闹僵；好闺蜜也拒绝和我沟通，说我"变得很暴躁"。

终于有一天，班主任给我父母打来电话，建议我去看心理医生。父母并没有发现我的异常，在家里，我远离了激烈的竞争环境，还是那个活泼可爱、幽默开朗的女孩，但他们听从了老师的建议。从心理咨询室出来的那一刻起，我就知道，我得自救。心理医生和父母一样，太容易被假象迷惑。也许心理医生有太多的病人要看，你只要装出一副温柔开朗的样子，说一些看似正确的话，他们就会很快认定你是"一个阳光的小姑娘"，并告诉你的父母"无须吃药"，然后让你的父母把你领回家，绝不多耗费一丝心力在了解病人的动机和真实状态上。

我清楚地知道自己当时的心态是有问题的，在决定自救后，我看了很多关于心理学和哲学的书，其中包括路易斯·海的《生命的重建》、傅佩荣的《哲学与人生》等。我按照书中所写的方法去做，每天给自己积极的心理暗示，做减压操；同时，在学习成绩上也不再对自己那么苛刻了。这样坚持了几个月之后，我的情绪逐渐稳定，社交也回归正常。高二开学后，我转入文科班。从那之后，我养成了理性的处事习惯。在高三的家长会上，班主任还曾当着全班学生和家长的面夸奖我"宠辱不惊，能成大事"，也算是那次自救后的一个意外收获吧。这个励志故事既没有"头悬梁锥刺股"，也没有凤凰涅槃和逆袭，但我仍然认为它很重要，因为这是一次与自己的斗争，也是一次华丽的蜕变,而过程中的艰辛,唯有身在其中的人才能懂。

(三) 地理老师的奚落是我反败为胜的动力

抗挫折能力再强的人,也会在无人的角落独自流泪。高二学自然地理的时候,我总是入不了门,做了再多的题也无法融会贯通,看每一道题都跟新的题目一样。我想:遇到困难不要怕,积极主动一点,总能学会的吧!于是,我便抱着厚厚的错题本去问地理老师。也许是我问的题目实在太简单了,地理老师毫不掩饰他的不耐烦和对我智商的"鄙视"。这时,另一位同学也来问题了,他是地理课代表。地理老师像看见了救星一般,迅速与地理课代表展开了一轮激烈的讨论,并把我晾在一边。过了许久,他才慢慢地对我说:"你的问题太简单了,回头问同学吧。"

正是这一句不带任何感情色彩的话,成为压垮我的最后一根稻草。我躲进卫生间,泪水喷涌而出。我在心里痛恨地理老师的处事不公,但总有一个声音在我的耳旁说:"还不是因为你不行?"我回到教室,期待有人能发现我哭过的痕迹,并给予几句安慰,哪怕只是问一句:"你哭了?"可是没有。大家自顾自地埋头做着事情,就连呼吸声都在提醒我高中生的时间有多宝贵。同桌转过脸来问我问题,接着又转回去,根本没有发现我的异样。也许这就是成年人的世界,跌倒了,爬起来,收拾心情,不动声色地继续前行。这么想着,我翻开了地理课本。

随后的那个寒假,我每天早晨7点准时去学校对面大学的图书馆自习,晚上10点伴着闭馆的音乐回家。日复一日,我把地理练习册、测试卷反复做了好几遍,许多大题的答案甚至都能一一背出。题海战术的好处就在于,当人的天赋不足时,它可以最大化地使其努力获得回报。自高三开始,我的地理成绩突飞猛进,在高考中也取得了不错的成绩。

失败并不可怕,而是为了更好地成长。我要感谢小时候的钢琴老师、心理医生、高中的地理老师及同学。也许我短暂地误解过他们，但站在未来的某个时间节点来看，他们带给我的帮助远比伤害要多。

三、把握律动，方见精彩

"生活是种律动，须有光有影，有左有右，有晴有雨；滋味就含在这变而不猛的曲折里。"老舍先生的这句名言被高三时期的我写在复习笔记的扉页上。每当回想起那风一般呼啸而来又转瞬而逝的高三生活，我便想起这句话，它所带给我的启发，胜过任何一本习题集。在青春最曼妙的年华里，我们与压力同行，有成功，也有失败；有微笑，也有痛哭，有张扬个性的潇洒，也有告别诱惑的坚韧。只有学会去平衡这一切，才能信步前行，从容取舍，于律动中见精彩。

（一）优秀是一种习惯

平衡需要一以贯之的良好习惯来维护，勤奋与坚持无疑是高中生活的主基调。苏联教育家苏霍姆林斯基一言如清夜闻钟："重复单调的攀登动作会使人乏味，却在不断地接近顶峰。"天道酬勤是亘古不变的规律，作为文科生，我更是对此深信不疑。刚进高二开始学习文科的时候，班上不乏勤奋努力的同学，他们配了班级的钥匙，总是早上6点多就来教室学习。晚上放学后，他们为了保持高效的学习状态，还要在教室自习到9点才走。于是，每次大练习考试的成绩可想而知，这些同学总是遥遥领先。然而进入高三之后，情况发生了很大改变，一位高二多次排名第1的同学成了年级倒数，几位原来稳在前10名的同学也逐渐从第一考场销声匿迹。我在替他们惋惜的同时，也默默思考个中缘由，经过一两天的观察，我发现他们似乎向枯燥的生活妥协了。他们不再要求自己来得最早、走得最迟，相反在上课前和放学后经常拿着手机说笑。

真正的勤奋不是源于一时的热忱，而是源于愚叟叩石垦壤般的执着与虔诚。只有坚持将那一点一滴的勤奋酿成陈年的酒，方能品出厚实的醇香。以我就读的高中为例，高一到高三的学生，每天下午三节课后都要进行100分钟的大练习考试或考试讲评，每天一门科目，总共六门，两周一轮，从未间断。为了大练习考试，老师们苦思冥想，多方搜集，找出好题出在卷子里，有时还要夜里加班加点，批改一摞摞答题卡，准备讲评；为了大练习考试，同学们争分夺秒复习备考，又在卷子发下来后忙于总结答题技巧和纠正错题。也许正是这样持久的勤奋，使得我所在高中的学子们年年创造出辉煌的成绩。学习如修禅，正是这样勤勤恳恳，心系一处，把寂寞坐断，终将自然回甘。高三时期，我每天夜里12点睡觉，早上6点起床，中午休息40分钟，晚上锻炼10分钟，每天按时按量完成老师布置的作业。如此，让生活在良性循环的轨道上运行，勤奋与坚持也就不算难事。

（二）高考有"套路"，应试有技巧

若说垒山不止的勤奋是一把梧桐佳木制成的好琴，那么适当的技巧便是那一根根松紧适度的弦。只有将它们抚于指掌，自如拨动，高山流水般的美妙旋律才会从指间滑出。作为文科生，我认为比较好的学习技巧是将阅读课本与做题相结合。古人云："学而不思则罔，思而不学则殆。"学富五车之人，须学以致用，解决实际问题，才不致沦为纸上谈兵；久经沙场之士，亦须时常温习理论、涉猎典籍，才不易陷于僵化的套路而被时局淘汰。对高三学生而言，课本提供整理思路的平台，题海战术则是提升能力的契机。

高三冲刺文综时，我采用的方法是先看课本，再做相应章节近5年的高考题。我会把做题中总结的易错点标注在课本上，平时在试卷或参考书上发现的好题，也会剪下来，粘在每门科目专门的纠错本上。它们与教材搭配，成为我考前复习的首选。具体而言，每门科目

不同，学生需要采用不同的学习技巧去学习。语文学习功在平时，要博览群书以拓展知识面，同时应反复背诵一些经典的名人名言和道理论据，下笔便自然有神；做文言文阅读训练时，要注意把常考的文言实词、虚词及其释义摘抄到本子上，以便翻阅和记忆。数学学习要举一反三，在与老师、同学的讨论中交换思维。英语学习重在培养语感，要多读、多写。语言是优美的图画，是跃动的音符，也是人类情感的直观表达。语言学习倘若只是死记硬背一些冰冷的语法规则，便是将美景局限于镜头，装裱于画框，美则美矣，灵动的生趣尽失。政治学习虽技巧性不强，但仍需坚持看新闻，培养国际视野。历史学习要经常画时空轴，将古今中外各大事件及其时间、地点、人物、起因、经过、结果、影响、评价等各要素都用简短的词汇标在时空轴上，时空轴上的时代背景及经济、政治、文化状况自然一目了然。地理学习重在培养十字定位的能力，一旦看到一个经纬度坐标，就要立刻知晓它所在的板块、国家、地形区、气候带、自然带及该地区的工农业状况、人口和城市情况。我们班地理学得最好的同学曾这样介绍他的学习方法："我每天吃晚饭时，都会在地图上随意看一个地区，在大脑中回想课上地理老师讲的关于这个地区的自然（包括地形、气候、河流、生物、土壤、生态环境等）和人文（包括农业、工业、服务业等）概况，再回想该地区从古至今发生过的历史事件。如果遇有想不清楚的地方可以查阅课本和翻看笔记。这样将不同科目结合起来学习，效率会更高。"其实，类似的方法不胜枚举：许多历史事件用在语文作文中将是很精彩的事实论据；将政治原理诸如"辩证否定观""具体问题具体分析"等用于分析历史题，往往能得到更客观、更全面的答案。

在此我不一一列举，充足的思考空间留给读者。每个人都应当有属于自己的学习方法，当你去探索这些学习方法的时候，仿佛一扇扇窗骤然打开，将你引向一个更为广阔的崭新世界。

登峰造极诚可期，垒山不止即幸福

（三）接纳自己，相信自己，方能提升自己

备战高考，自信至关重要。自信就是一台太阳能发动机，大凡有阳光的地方，它便能释放无穷无尽的能量。高三时，班主任说过的两句话令我印象深刻，即"尘埃落定之前，一切皆有可能""重要的不是你身在何处，而是你将走向何方"。没有人的生活是一马平川的，尤其是高三时期，当"违心之事"成了生活的常态，与其陷入灵魂的雨季无法自拔，不如保持阳光、自信的心态，冲破恐惧，给自己一两个创造奇迹的机会。哪怕今天的你一败涂地，也要招着手满含希望走向明天。

高二时，我的地理成绩曾一度保持在班里的倒数，我曾对着位次单上最后一行自己的名字黯然伤心，也曾和卷子上的红叉叉对视良久后无奈地叹息，但我从未对地理失去信心，挑战反而使我更加有动力。那段时间我回想起来宛如梦境一般令人难以置信，我牺牲了几乎所有的课间时间，将它们献给一本又一本厚厚的地理题集。然而，这对我来说只是万里长征的第一步，我又把做完的题集从头到尾捂住答案重做了一遍，将经典的题目摘抄到纠错本上，再勾出自己想不明白的地方利用课间时间询问地理老师。即便这样，我的地理成绩也不是迅速就获得了提升，而是在低谷徘徊了一年，才终于在高三的期中考试中有了转机，那次我一跃成为班里的地理第1名，后来也一直保持在中上游。这一切都得益于我不服输的自信和持之以恒的努力。

"贵有恒，何必三更睡五更起；最无益，只怕一日曝十日寒。"班里许多同学和我一样，即使在成绩最不理想的时候，也能保持自信和乐观，不说一句泄气的话。我们过着单调的生活，却怀揣着炽热的希望和遥远的梦想，我们坚定地相信每个人身上所具有的无限可能，相信"Practice makes perfect"。我曾看到身边的同学将激励的话语写在本子上，"寒冬过后是暖春""已拼十载寒窗苦，待见一朝金榜红""苦心天不负，御风腾云任翱翔"……这些话如山谷里飘出的轻风，

吹开漫山遍野自信的芽儿,让年轻的生命绚烂如夏花。

保持这种自信的心态走进考场也是十分有利的,我们从老师口中听到了许多高考失利者的前车之鉴:有些考生平时学习很努力,成绩也不错,可一坐到高考考场上就心慌,注意力无法集中,一道选择题读了5分钟还理解不了题意,大脑一片空白,导致考场上时间不够用;还有些考生一拿到高考试卷就胆怯,觉得考试题目肯定比平常训练的题目难得多,这种想法像蚕茧一样束缚了他们的思维,导致其在一些简单的问题上出错,使他们很难发挥出正常水平。试想,他们要是对自己的实力,对一路上挥洒过的汗与泪,多一份自信,或许一个更加美好的未来就在这转念之间诞生。这一切都告诉我们,人要有自信。因为自信的人,外美如花,内秀若竹,在天做飞燕,落枝成麻雀,从容中能透出力挽狂澜的魄力。

(四) 以平常心看待每一次成败

一杯清香的茶,放在生活这个透明的杯子里,浮在水面的叶片是自信,是雍容华贵的大气;沉在杯底的叶片,是宁静,不着其形,暗渗馨香。我把宁静放在最后写,正是为了凸显其重要地位。一个人拥有宁静,便有了精神的坐标,有了常人所没有的生命的深度。高三下学期,我们班教室后墙上安装了一个手机收集箱,同学们都自觉在每天早自习前将手机关机放入箱中,放学后再取出。于是,我们的听课质量更高了,也摆脱了手机铃响打断老师讲课带来的尴尬和烦恼。更重要的是,远离了手机,我们浮躁的心归于宁静。素颜面对,静心修行,凡心所向,一苇以航。

高考动员会过后,每天母亲都会送给我一段话,并写在我们一家三口共用的一个家庭日记本上,从4月21日至6月7日,每一天的句子都比前一天的句子长一些。"眼光要长远,决心要坚定,追求要持续""任何事情,只要带着振奋和快乐去做,就会乐趣大增""平静具有强大的力量,能够支撑我们稳步迈向人生目标"……母亲希望通过这种方式让我自始至终保持一颗平常的心。

这些平实而有力的话，像一剂止痛针，让竞争的压力、成长的烦恼烟消云散。我像荆棘路上赤脚追梦的孩子，只闻花香，不谈悲喜，心无旁骛，尽己所能。

关于如何让自己在考试时保持良好的心态，我的班主任曾介绍过一个有效的方法：把每一次大练习都当成高考，在心理上保持一定的紧张度，严格地规定每道题的答题时间。没有哪个身经百战的将军会在大敌来临时手足无措，而经历过多次模拟高考的同学也必能在高考考场上临危不乱，展现出最好的自己。学习中拥有一颗平常心，则持之以谨，处之以静，用心来对待；考试中拥有一颗平常心，则聚精会神，全力以赴，无论难易成败。

（五）张弛有度，平衡生活

很多人可能会好奇，在繁重的学业压力下，学霸们是如何处理课内学习与课外活动之间的关系的，又是如何面对学习和生活中的困难、挫折与压力，而保持良好心态的？

首先，以我个人的经验来说，高一时可以用课外活动来填充自己的假期，例如，我当时参加了学校的模拟联合国社团，在社团活动中既锻炼了英语口语，又增加了结识新朋友的机会。至于课外活动会影响学习的担忧我认为是多余的，因为高一时多数同学对于高中教学的内容和高考方向还没有一个整体的认知，即便是节约出时间比别人多刷了几道题，日后来看也是收效甚微的。在我身边的同学中，有高一到美国做了半年的交换生，后来考上香港大学的；有高一参加过多次学生会和社团活动，后来考上中国人民大学并在校学生会中任职的；还有高一时每周末花一下午的时间练习打网球，后来考上清华大学的；等等。这些例子充分证明：高一时多分配些时间给课外活动，不仅不会影响学习，反而会对自身的发展有很大帮助。

其次，进入高二、高三后，应该将全部的精力投入学习中。因为这是最煎熬的两年，很多人不是被难题打败，而是被枯燥的生活打败。要想在竞争的洪流中立于不败之地，就需要学会自我调整。我在心情郁闷的时候一般会弹钢琴放松一下，我的同桌则会选择通过画画来减压，我们的目的都是一样的，只有保持冷静、从容应对，才能更好地进步。学会自我调整的一个重要环节是，对自己认为不公平的事要有正确的心态。有的同学虽然学习很用功，但是情绪很容易受外界影响，一旦看到不如自己努力的同学考得比自己好，心中就会愤愤不平；而偶尔一两次运气不错考得比平时好时，又立刻沾沾自喜，这种心态不仅对身体有害，还会制约潜力的开发，甚至不利于人际交往。智慧的人知晓要在适合的时候做合适的事，高二、高三正是打造人生平台的关键期，只有努力书写好今天，明天的回忆才能美好无憾。

我时常觉得，人生的每个时期，就像轮回的四季一样，各有各的风景、各有各的故事。栖息在生活这片偌大的森林里，我们所有的经历，连同苦难，都是活生生的。我听得到它们汹涌澎湃的呼吸，感受得到它们平稳有力的脉搏。这种感觉使你我相信，不论美满抑或残缺，背后都隐藏着成为永恒的力量。生命本就是种律动，须有光有影，有左有右，有晴有雨。用心品尝生命带给你的不可复制的佳肴，滋味就含在这变而不猛的曲折里。踏着这律动寻找平衡，会使生命如昙花般精彩绽放。

四、仰观星空，脚踏实地

由于转专业比较晚，我在北京大学待了5年。在这5年里，我结识了形形色色的人，经历了各种各样的事，就像一株温室里养尊处优的花朵，突然被扔进了狂风暴雨中，挣扎、探索、成长，然后成就了更强大的自己。我是一个勇于尝试挑战的人，基本上新鲜的事物都会"亲力亲为"，所以在北京大学的5年也算过得充实，积累了一些经验，遇到了几位知己，懂得了一些受用终生的道理。

（一）转专业之后，我如获新生

大学的前两年是痛苦的适应期。出于种种原因，我选择了号称最冷门专业之一的阿拉伯语专业。在进入大学之前，我对阿拉伯语毫无概念，看着那些状如小蝌蚪一般弯弯曲曲的字符，我想这门语言或许就和英语一样吧，只要多读多写，语感就能培养起来了。然而事实总是那么不尽如人意，来到大学的第一个学期，我就发现阿拉伯语和英语简直是两种对立的语言。我们所学的阿拉伯语，是阿拉伯世界的标准语，也是《古兰经》所使用的语言，类似于汉语中的文言文。由于其烦琐的语法规则，如今阿拉伯国家早已不再使用标准语了，而是使用每个国家各自的方言。我们所学的标准语，是一门连阿拉伯国家的年轻人都不一定会说的语言。最致命的是，从小到大习惯了用语感来学习语言的我，在遇到阿拉伯语之后，很快就被其繁复的语法和紧密的逻辑折磨得头昏脑涨。

从高中到大学，刚刚脱离父母的羽翼和高中生活的牢笼，我迫不及待地想要过上轻松自在的生活，而阿拉伯语系一周5天的早课和繁重的背诵任务就像一个无处不在的暗影，用冰冷的大手压制住了我想要放飞的心。于是，在内心深处向往自由之声的指引下，我在大二下学期迎来了大学生涯的一件大事——转专业。老实说，在大二下学期之前，我是没有仔细思考过自己擅长什么、喜欢什么的。所幸在大一时我就已经选修过新闻与传播学院、经济学院、艺术学院、产业技术研究院等多个学院的课。于是，在决定转专业之后，我就开始认识和评估自己的能力。在此我要感谢阿拉伯语系的系主任，当他听说我要转专业之后就给了我很多很好的建议，尊重并支持我的决定。其实，在我的成绩单上，新闻与传播学院的课程得分并不是最高的，但我综合考量了投入与产出比之后，我认为自己在这方面有着比较大的潜力。于是，我登录新闻与传播学院的官网，浏览了它的专业设置和每个专业的课程设置，咨询了学长、学姐关于该学院的教学方式和课程内容。当我了解了该学院广告学专业的课程内容时，感到体内的热情被点燃了，全身在一瞬间因激动而起满鸡皮疙瘩。当时我就想：就是它了。

转专业的申请进行得很顺利，良好的成绩是转专业的敲门砖。尽管我在阿拉伯语系过得异常颓废，但鉴于从小积累的考试技巧，我的笔试还是比较不错的。笔试关过了之后，接下来就是面试。大家坐在一间会议室里，由包括院长在内的5位老师挨个儿提问。老师们都很亲切，也不会故意为难学生，提问也是为了了解大家转专业的原因、对新闻传播事业的看法。我已经记不起自己当时说了什么，但对其他几位同学的发言倒是记忆犹新：有的同学谈到了自己的新闻理想，希望自己能为中国的新闻业复兴尽一份力；有的同学谈到了自己从小学习绘画的经历，以及对审美、设计和时尚的独到见解。如果说大学前两年，我都沉浸在成为北京大学学生的幸福感之中的话，那么那次面试则是我第一次深刻地认识到"卧虎藏龙"这个词汇的真正含义，清楚地看到自己的渺小和周围人的优秀，也让我意识到自己该重新出发了。

（二）一个凭借直觉的选择，勾画了我未来多年的发展道路

其实在转专业之前，还有一件事令我印象深刻。当时的选择看起来更多像是跟风，但后来被证实对我的人生轨迹产生了重大影响。这件事就是"修双"。"修双"，即修读双学位。它与"鸡腿饭""上地概（一门课程）""未名湖边谈恋爱"一同被称为"北大四俗"。在这个思想自由、兼容并包、人人求知若渴的环境里，"修双"成了一项"不修白不修"的福利。2015年，正是"全民创业，万众创新"风气最火热的时候，朋友圈几乎每天都有各种创业信息的更新。由北京大学光华管理学院开设的创新创业管理方向双学位项目，往年竞争都异常激烈，据说从2016年起会扩大招生名额。当时在阿拉伯语系浑浑噩噩、纠结修什么双学位改善生活的我，抱着紧跟潮流和尝鲜的心态，在2016年春季双学位申请一开放时，就递交了双学位申请书。北京大学光华管理学院开设的创新创业管理方向双学位项目对绩点的硬性要求只有3.0（满绩是4.0），这就意味着它对其他材料和面试的要求会很高。其一，申请者需要有一份比较专业的商业计划书。大一上学期，我还是一个对商科一窍不通的"小白"，就连"P2P""B2C"具体指什么都要去问"度娘"，大二下学期，我机缘巧合地选了一门叫作"创业基础"的课，又通过在这门课上认识的一位学姐加入了北京大学全球大学生创新创业中心的"校园VC"训练营。在训练营中，我学到了很多创新创业的基本逻辑，了解了商业计划书的撰写结构，也认识了几位有志于创业的小伙伴，甚至与他们建立了深厚的友谊。在与训练营的小伙伴多次讨论下，我写出了人生中的第一份商业计划书，即一款基于微信社群的线上教育App。计划书中具体的内容我已经记不清了，现在回头来看估计也会觉得"言之无物"吧，但是凭借这一份计划书，以及我与生俱来的、"盲目自信"的面试气场，我成功拿到了辅修双学位的机会。学院开设的课程总体来说是非常实用和有趣的，既有经济学、管理学、会计学、营销学等基础理论课程，也有商战模拟、创新创业思维与实践等参与感十足的实践类课程。

如果说我辅修双学位的初衷是为枯燥的阿拉伯语系生活增添一些色彩的话，那么我的目标已经达成了。显然，商科和我的缘分并未止步于此。大三分了专业之后，我愈发地感到广告学、市场营销和金融学之间有着千丝万缕的联系，于是兴趣与日俱增，在还未辅修双学位时，我就"贸然"地选修了国家发展研究院的中级宏观经济学。那时，几个好朋友都嘲笑我："你听得懂吗？"确实，这门课是当时我感到十分吃力的一门课，一直到期中考试成绩出来之前，我都在考虑要不要把它退掉。然而，期中考试时那门课我竟然考了85分，这也坚定了我对于学好这门课的信心。到了大三下学期，不论是课堂报告还是习题讨论，我都积极参与，仿佛我也是国家发展研究院中的一员。期末考试时，老师出题难度陡增，而数学基础相对薄弱的我被弄得丢盔弃甲。虽然我最后的总评成绩只有77分，这门课也给我留下了一点点的心理阴影，但在这门课上所学到的知识为我后来的经济学和会计学课程都打下了很好的基础。孔子曰："欲得其上，必求上上。"先学过中级课程之后，再去学初级和入门课程，我就会轻松很多，也会收获很多的思考和灵感。

正式将金融行业作为未来的发展方向，是在大三下学期的时候。那时，我已基本辅修完双学位所有的基础理论课程，也面临着毕业升学后就业的选择。国外交流的经历和爱拼爱闯的天性使我想要放弃保研机会，出国深造。与父母多次商讨之后，我决定将目标锁定在文化传统与中国颇为相近的新加坡国立大学和南洋理工大学，并将这两所世界顶尖学府的商学院作为我的理想目标。2019年7月，我一边在腾讯科技（北京）有限公司实习，一边筹备申请去新加坡留学的各项事宜。我总共邀请了四位老师做我的推荐人：两位光华管理学院的老师、一位实习导师、一位新闻与传播学院的老师。DIY申请最大的好处就是可以真正地沉下心来了解目标院校，了解自己所选择的专业，了解自己。还记得那是刚过完22岁生日的一天，我拿出一张白纸，画了一条时间轴，像写历史大事记一样写下了自己大学4年来做过的有意义的事情。那些事情密密麻麻的，占满了整整一张A4纸。接着，我挑选出其中与金融有关的事件，逐个梳理它们的来龙去脉、前因后果，捋清它们对我的生活、观念、志向的影响。这样做了一遍下来，我对自己的认知也提升到了一个新高度，对未来也少了一些迷茫，多了一分力量。后来，我按照梳理出的内容，撰写了文书，提交了申请，参加了视频面试，并顺利获得了新加坡南洋理工大学金融学硕士的offer。在这里，我要感谢四位推荐人和新加坡南洋理工大学的面试官，以及所有在这个过程中帮助和支持我的人。我会勇往直前走得更远，也会不忘初心，永远铭记来时的路。

（三）世界那么大，我看到的太少了

提到大学期间那些令我飞速成长的时光，两段校际交流经历必须拥有一席之地。大二暑假，我与五位来自不同院系的同学一起，参加了香港理工大学国际暑期大学课程项目学习。那是我第一次在语言不通、人生地不熟的境外生活了 1 个月,我认识了来自各个国家的朋友,我们白天上课,晚上就去夜市品尝美食。我选了两门课:全球经济课程、世界美食课程。全球经济课程是一位英国老师授课,课程内容有趣、易懂。我还记得那时我们小组报告讲的是大疆无人机,还被英国老师饶有兴致地问了很多问题。世界美食课程是酒店管理学院开设的,由一位来自台湾地区的老师讲授。这门课最大的亮点在于,每堂课都会出现一位外籍大厨为同学们当场演示美食的做法,下课之后他又会与同学们聚在一起饱餐一顿。我至今仍旧怀念在课上喝到的泰国冬阴功汤,那是由大厨耗时 1.5 小时烹饪而成的,食材是那么高端、丰富、精美。暑期结束前最后一门考试的那天,我和朋友们去长洲岛旅行庆祝。傍晚的海边,夕阳橘红色的余晖与深蓝的海水交融在一起,我们并排坐在沙滩上,听着潮汐的声音,互相说着心里话,约定着未来的某一天在世界的另一个角落再次相聚。

  如果说在香港的生活让我看到了在不同文化价值观背景下人们的生活方式和理念的多种可能性,那么在新西兰的半年就是让我更深刻地体验和体会了这种可能性。2019 年 2 月,新西兰的初秋时分。刚到惠灵顿的第一天,我就因为晕车差点吐在接我去公寓的车上,毕竟惠灵顿的山路实在是太陡了。陌生的国家,一切都是崭新的:硕大的花园、蓝绿色的天空、巴洛克式的公寓。一切又都是"落后"的:没有地铁,没有像样的大饭店,所有超市都是下午 5 点关门。这种生活上的不便利,使得语言的障碍被放大了,打车、点外卖这些在国内稀松平常的事情,在这里都要耗费很大的精力。更令人沮丧的是莫名的种族歧视。一次晚上放学后,我在学校门口等公交车,对面摇摇晃晃地走来一个中年白人,看样子是喝多了,他用低俗的词汇谩骂着亚洲女性。好在我也听不太懂,便没有理会,任凭他叫嚣了一会儿就自讨没趣地走了。身旁的白人同学安慰我说:"不用害怕,惠灵顿治安很好。"

新西兰是一个淳朴、慢节奏的国家，被留学生们戏称"世界的村子"。在这里，人们不论是乘坐班车，还是公交车都要对司机道谢；在电影院看电影有中场休息，可以吃零食、吹口哨，电影结束后要鼓掌。2019年4月中旬至月底是复活节假期，结束了期中考试的忙碌，我和两位中国同学一起去南岛旅行。我们在皇后镇跳伞，在基督城参观羊驼农场，在福克斯冰川徒步，在梯卡坡湖泡温泉，尽情地享受着纯净、自然的异域风光。5月开学之后，便又是紧凑的课程和考试。偶尔清闲的周末，来自奥克兰的华裔同学会开车带我们去惠灵顿周边的野生动物园。一包动物饲料可以引来一路的动物环绕，从鸽子、鸡、鸭、孔雀到马、牛、羊，动物的性情都格外温顺。我们也会学着惠灵顿本地青年的样子，抱着重重的音响坐在草丛上跳舞。

从新西兰回国后，我居然有点水土不服了，连续发烧了数日，而重新适应国内快节奏的生活则花费了我更长的时间。在新西兰的生活是我人生中一个重要的节点，在那之前，我相信身边大多数人所信奉的那些东西似乎是不容置疑的；在那之后，我学会了以更加包容、更加多元的姿态去看待事物，也正是因为看到了人们对不同信仰和价值观的坚持，我开始真正地接纳自己，并能够更加自信地展示自己。

大学生活就像一个熔炉，看似毁灭性地燃烧，实则熔铁成金。在大学的5年里，我脚踏实地，一边走一边思考，探索自我与世界的复杂性，复盘每一次的选择，寻找生活的规律；我也仰望星空，敢想、敢做、敢闯，坚守着心中的一片净土，反复诘问现实，在碰撞中领悟生命的真谛。曾经我一度以为，考上北京大学就是人生的高光时刻，殊不知在学校的培育之下，人生才刚刚开始。人是思考的芦苇，感谢大学生活，赋予了我思考的能力，让我不论在顺境还是逆境中，都能保持一份对生活的信念感。

随笔感悟

　　作为芸芸众生中普通的一员，我的求学之路并不是一帆风顺的，而是欢乐和痛苦交织，骄傲与失望并存。我出生在一个和谐、民主的家庭，在人生的最初阶段，父母是我的启蒙老师，他们的陪伴、关爱和鼓励使我建立起对这个世界的好奇和对自己的信心，他们以身作则地引导，帮助我树立了正确的人生观、价值观、世界观。<u>从小学到高中，在12年的求学道路上，我在进步中明志，在失败中成长，学会了处理各种竞争、合作与冲突，以平常心应对来自外界的褒贬荣辱。</u>高二、高三在文科班的2年，我逐渐形成了自己的一套高效学习方法，配合以良好的心态和生活习惯，终于在高考这场角逐中脱颖而出。进入大学之后，我开始了真正意义上对自我价值和人生方向的探索，找到了适合的领域，天赋和能力得到了充分发挥。小时候幻想成为超人拯救世界，长大后我深知世界的广阔和自己的渺小，却依然愿意做一个"挑战者"，因为登山不止的过程本身已足以令我幸福。

熊 南

从学堂
到殿堂

毕业院校： 江西省丰城中学
录取院系： 北京大学社会学系
高考成绩： 660 分（文科，2018 年）

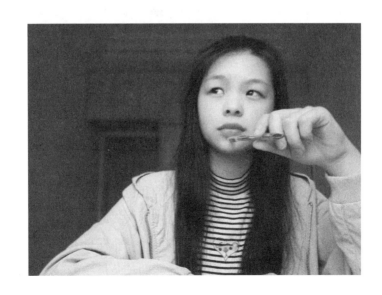

一、如此慢慢长大

（一）天真的童年

"你的童年我的童年，好像都一样，小小肩膀大大书包，上呀上学堂……"

"一样吗？我得好好想想……"

大雪过膝的冬天，我回到家乡过年，后来才知道那是许多人记忆里的一场"雪灾"。2008年是我回忆中一个分水岭。有关汶川、有关奥运……我并没有切实的参与感，脑海里也没有留存下很多细节，只记得中国作为东道主国家夺得了最多的金牌；人们喊着"众志成城"的口号，进行着灾区重建工作。对我而言，只是换了一种全新的、从未想象过的生活环境，按时长大而已。

比起大多数北京大学的同学，我成长的经历应该算是有些不一样吧。8岁的时候，我从外地的一所小学转回家乡念书。在管理得不是那么规范的农村，我开始了顺风顺水的小学时光。

也许曾经的我想象不到，开学的第一天，在这个看起来并不起眼的学校里，老师在讲台上宣布了第一件事——"捡纸"。是的，虽然老师的普通话发音并不是很标准，但我听出来了，老师说的就是普通话，只不过我误会了她的意思。当时的我很兴奋，因为想起了转学前每周上的手工课。或许，我的小爱好也能得到满足？至少这是我现在还在坚持着的一项爱好。可谁知，我和班上的同学浩浩荡荡地向着学校大门进发。在我还有些懵的时候，大家已经蹲下来了，开始用手捡学校门口的各种垃圾。原来此"捡纸"非彼"剪纸"，虽然我并不想参与其中，但一向唯老师命是从的我也只好加入劳动的大军。因为怕丢人，这个乌龙事件此前我从未跟别人提起过。

彼时，我从没想过要和别人共用一张课桌上课，两个人坐一张板凳——现在已经很难见到那种脆弱的长条板凳了——只要其中一个人起身，另一个人稍不留意就会摔个屁股蹲儿；我从没想过自己用的卷笔机、玩过的魔方、拉花万花筒在这里全部成了新奇的物件。因为大家都是拿着小刀一寸寸地削着铅笔，或是趴在地上玩弹珠、摔纸牌。当然我也对他们的游戏感到新奇，后来我抛弃了那台卷笔机，跟大家一起用小刀削铅笔，毕竟削铅笔看起来也是一门"手艺活儿"——先是手指头被弄得黢黑，刻刀在桌子上留下一道道刀痕，然后鼓起腮帮子吹得笔屑满天飞，最后铅笔才算是削好了。当然现在可没人这样破坏公物了。

对于当时还是个小孩儿的我来说，什么都值得打量一番。被小刀刻过的面目全非的桌子、用修正液涂出来的楚河和汉界、同学们轮流从家里带的草扎扫帚……其中，这扫帚不仅是劳动工具，还是惩罚工具。迟到、不按时交作业、不听管教都要被罚。据我观察，扫帚还是要数我爷爷扎的水平最高，它不仅紧实，还很耐用。如今想起来，我大可拿出来向伙伴们吹嘘一番。

或许和爷爷奶奶生活的那几年，生活是平淡了些，但我顽皮的天性倒是释放了不少。面对全新的生活环境，我探寻着每一处生机与乐趣，你的童年我的童年，好像都一样。

（二）教育不曾缺席

虽说父母对我的管教是放养，但我也见惯了"暴力"的管教手段。大概是在小学五年级的一节体育课上，我已经记不清究竟是何种原因触到了班主任的"逆鳞"，于是全班同学顶着烈日在操场上听训，印象里老师穿着墨绿色的长裙，打着伞，而我们则被太阳炙烤。我见过校长在公开场合扇人耳光，自己也曾因连坐而被细长的竹条抽过，当下从手腕到胳膊肘起了红痕。

大环境就是如此，有不爱学习的同学，自然也不乏上进的同学。在多数同龄人以混日子的心态上学时，我毫不费力地稳坐全校第1名的宝座。父母每周都要打电话来关心我，尽管多数时候总是那么几句"少看电视、好好听话"的叮嘱，但这份关心始终没有缺席。

(三）肆意生长

其实，我不像男孩子那般调皮，学习上也很少让家长操心，保持着一贯"听话"的形象。临近小升初的时候，一年一度的筛选考试也即将开始。学校争取了二十几个名额让我们参与乡镇范围内的选拔考试，甚至安排包括我在内的三位同学到镇里的中心小学去听了几天课。第一次参加全市级别的小升初考试，我没有什么压力，只有心里暗自地期待，期待自己能争取到一个走向更大平台的机会。

对于学习，我没有什么野心，也不会随意看轻它。就这样，我被时间推着往前走，门前的石墩、檐上的蒿草、傍晚的斜阳在我的作业本上留下了斑驳的影子，日子悠悠地过去了。

二、不被掩埋的时光

（一）那些热气腾腾

多年学习的积累是取得好成绩的基础，投机取巧一时有用，却不能指望时时奏效，多付出一分努力就多一分底气。在满满当当的计划中，总有人把1分钟掰成2分钟来用，尽可能留出时间来学习。

不知道从何时起，向衡水中学学习成了一种风气。自从一位有影响力的老师在高三开学典礼上说"拿20分钟以上的时间吃晚饭简直是奢侈"之后，大家都开始不回家吃晚饭了，要么等着家长亲自送饭到教室，要么中午直接带着保温饭盒来学校，要么办一张走读卡到校门口流动摊贩上买东西吃，在教室里端着碗也能刷题，学校几乎默认了学生这样的做法。

那时，校门外一条冒着蒸汽的长街、教室外一条冒着蒸汽的走廊成了一道"靓丽的风景"。大家端着碗高谈阔论，嘴里含着饭，不顾形象地对路过的熟人打招呼。

鲁迅先生说过，时间就像海绵里的水，只要愿挤总还是有的。当然了，学习要抓紧，但饭也是可以好好吃的。

（二）那些劳逸结合

虽然可能一下课大家就蔫了，但我们绝对是充满能量的朝阳。俗话说，磨刀不误砍柴工，我们尽力争取保留了一周一次的体育课。一节课下来，大家已经是大汗淋漓了，这种放松无处不在。

放松的方式，可以是一节充满欢声笑语的体育课，可以是在傍晚时分向广播站点播一首歌，可以是在操场的观众席看一场比赛，也可以是周末偷偷地用班上的电脑看一个搞笑类的综艺节目。

（三）那些风生水起

我们都知道，不同的老师会有不同的教学方法。高中时，有位班主任竟然不知从哪里弄来了一面大鼓，还有一个锣。每天早晨开始早读之前，他就会先敲锣击鼓宣誓，搞得声势浩大，为的就是振奋学生的精神。后来这个班被当成了学校里的正面教材，被积极宣传。这位老师以自己独特的风格给班上所有的学生留下了难忘的高三记忆。

我们班主任也"用心良苦"，他要求在教室后门旁的墙壁上安装一面大镜子，每个人进门后都要调整自己的表情，用笑脸开启一整天的学习生活。可惜的是，高考前安排考场时，我们没能安全地将这面"整肃班级形象"的镜子取下来，最终它碎了一地，着实令人扼腕叹息。

日升月落转瞬而过，那些熬过的夜、刷过的题、用完的笔芯、等身高的学习资料，或多或少也都成了肚子里的干货。

三、他山之石

（一）志当存高远

但丁曾经说过，信心能够使他漂浮于人生的泥沼中而不致陷污。

信心这一物并不虚无缥缈，它不是无根基的自大，而是在充分了解自身能力的基础上产生的信念。在学习中，志向和目标的树立也是十分重要的。

我清楚地记得从刚进中学到毕业这3年来的步伐。最初在200人中，我以年级前30名的成绩考进初中，很长一段时间都保持着这个不上不下的水平，彼时的我极易满足，把自己当作比较的对象，心理预期就是成绩不后退。尤其还要面对一门没学过的英语，我把站在起跑线上的自己放在了一个较低的位置，给自己的目标就是要比上次前进一名。慢慢地，熬到了初三，我要学习九门科目，我的成绩也稳定在年级前10名了。我们初中年级第1名的宝座一直属于一个女生，她不仅每门科目都没有短板，还能与后面的同学拉开差距，成了老师口中的模范生、同学学习的榜样和目标。在初三成绩逐渐稳定之后，我给自己定的目标就是缩小和年级第1名的差距，从40分到30分、再从30分到25分……放大细节，对比和学霸的每一个扣分项，这对于发现自己的不足大有裨益。有一个明确的目标和高度是一件多么幸运的事，尽管直到中考也没有人超过她，但一个实实在在的目标给许多同学指明了努力的方向。

刚进入高一，因为高中部与初中部同在一所学校，所以我没有要适应新环境的困扰，学习氛围也和初中差不多，只是年级人数扩大了10多倍。很快迎来了高中第一次年级考试，我拿到了40名左右的名次。因为高中是月考，紧接着第二次年级考试也就是期中考试，这次我排在30多名。秉持着每天进步一点点的期望，我当时信誓旦旦地跟家长会上的父亲说下次要进前20名，再下次进前10名。结果直到文理分科，我的最好成绩也只达到20多名。

文理分科后，全年级面临一次全新的洗牌，一如既往，班级按成绩分等级，而这就确定了在接下来2年多时间里与我一同前行的会是哪些人。直到选择文科的事情尘埃落定，我才发现在我还举棋不定的时候，已经有人确定了最终的目标，并且一直在为之努力，而我又在起跑线上落后了。

现在回过头来看,总有一种高三之前都在小打小闹的感觉,没有集中精力,也没有强烈的紧迫感。当高三学习节奏稳定了,我也清楚了自己的能力之后,又开始重新制定目标。大的目标,是要努力在排名上靠前,并制定达成的时间;小的目标,是要结合老师的教学进度进行查漏补缺,计算好每天可以自由安排的时间,把需要完成的任务分配到可以利用的时间里,每天以打卡的形式监督自己完成。

制定目标就是设定自己努力的方向,我在制定目标时并不好高骛远,而是给自己一个实现目标的机会,不断增强信心,找一个实在的竞争对手,将其作为努力的方向。

(二) 心当如磐石

在中学阶段,不止一位老师给我们看过短片《永不放弃》,教练蒙着布洛克的眼睛让他背着队友进行"死亡爬行",他不断地鼓励布洛克一次次挑战身体的极限,最后布洛克爬完了此前没有人敢相信的距离。和这种魔鬼训练相比,我们学习的环境过于优越,脑力劳动和体力劳动也有所不同,无法通过硬撑来达到极限。然而,在学习最紧张的时刻,我们缺少的正是这样一种不放弃、不服输的精神。

衡水中学和毛坦厂中学这两所学校如此出名大概与这个短片所要表达的意思相同。一个为学生安排了时间上密不透风的作息,一个使整个家庭为了高考的终极考验绷紧一根弦。和这两所学校相比,我们学校能够为学生和家长做的实在是太少了,既不能使学生专注上课,也无法每年批改5 000张试卷。然而每一个天资并非卓越但仍力争上游的学子都应该明白:自己并不是网文剧本中的男、女主角,即便是,也要足够强大才能与其运气相匹配,否则德不配位,早晚会被人拉下马来。

遇事不逼一下自己怎么知道个人的潜力有多大呢?例如,一份习题集共有2 000道题,要求20天做完,但是每做一道题目,接下来的难度都会不断增大,平均下来每天至少要做100道题。我的策略是什么呢？第一天完成100道题目之后，不停地告诉自己：再做一题就可以减轻后面的压力，直到不能坚持了。因为实际中可能会有不确定的因素产生，比如有了新的任务，所以尽早敦促自己也能留有余地完成更多事情。只有坚定踏实地完成每日的任务，不为外物所惑，才能实现最终的目标。

高中留给我的记忆还有每周一早晨宣誓的一句铿锵的宣言："我行！我能行！"这一字一句都是在告诉自己能坚持下去，未来充满无限可能！"坚持"一词，不是嘴上功夫，也不是三天打鱼两天晒网，时间会记得你前行的脚步，并证明一切。

(三) 意随境动

"意随境动"的意思是心态要根据所处的境遇进行调整。身体是革命的本钱，最重要的就是要调整好自己的身体状态，养足精力。紧张的复习过程和大大小小的考试都要用充沛的精力去应对。挑灯夜战，以牺牲睡眠时间去进行题海战术是得不偿失的，应该学会在高三的一年中调整好心态，平时认真对待学习和复习，压力过大时适当发泄出来，保证正常的作息时间，让学习更加有效率。只有养成良好的学习和生活习惯，做好充足的准备，考试时才能发挥出自己的水平。

第一，在成功时沉淀，古人言"不以物喜，不以己悲"。高中时，我们考得不好，班主任会痛心疾首地教育一番；我们考得理想了，班主任会压抑着喜色鼓励我们再接再厉。就算没有这样一位引路人，在取得优异的成绩后也不该过分骄矜，而应当自我敲打，总结经验。

第二，在低谷时优化情绪，及时排解。要说高三对我打击最大的一场考试就是高考前3天最后一次模拟考试，由于我的状态不理想，成绩一落千丈。其实前面的复习已经结束了，我肯定不能寄希望于在最后3天临时抱佛脚，既然积蓄的知识已定，那么我要做的就是在考场上保持最好的状态。因为考砸而情绪低落只会影响考试的状态，有百害而无一利，不如放下包袱，轻松上阵。在这样的心理暗示下，我在临考前降低了自己的心理预期，高考反而成了我高三以来心理上最轻松的考试之一。

总之，保持一颗平常心，坦然面对一切可能发生的事情，那么无论你遇到顺境或逆境，都能够泰然处之。

（四）读书破万卷

俗话说，要么读书，要么旅行，身体和灵魂总有一个要在路上。世界那么大，并不是想出去看看就能实现，而读书不那么受限。在书中，有一个更大的世界。通常，人的视野与认知必然受其生活轨迹和经历所限，而突破这种限制既简单又行之有效的办法就是阅读。阅读可以使人的精神变得丰盈，阅读培养了我们独立思考的能力。

阅读的积淀是长年累月的功夫，非一朝一夕可以实现。读书贵恒，要从小养成读书的习惯，终身手不释卷。从小时候的童话、寓言，到学习教材、报纸杂志，阅读的范围可以很广，阅读的方式不一而足。既可以跳读，又可以精读，甚至可以反复品读。阅读的过程能锻炼人提取信息的能力，还能使人增强独立思考的能力。在学习的过程中，这些能力能够帮助我们提炼出文本所要表达的中心思想，更好地理解题干，这恰恰是解题的关键。而这不仅仅局限于语文这一科，其他各科也同样适用。

书看得多了，自然能培养出自己的品位和偏好，甚至是一些好的阅读习惯。例如，比起电子书，我更偏爱纸质书，虽然它笨重了些，但我能抚着书页、闻着墨香，颇有和作者交流的意味。又如，我喜欢收集各种样式的书签，给书本做上各式各样的标记。

阅读，需要腾出时间来。即使是高三复习最紧张的时间里，我依然坚持每天留出固定的时间阅读，周末也会抽空到书店蹭书看。没有连贯的时间去消化，这些时候的阅读往往是碎片化的。散文、小品文、杂文，多看多读，保持对文字的敏感。

一个人在人生前 20 年读过的书会对之后的人生有重要影响，我想这也是世人推崇名著的原因。名著之所以经典，必有其价值，虽然不一定合你的口味，至少它迎合了大部分人的阅读偏好，读过想来无益也不会有害。我已记不清自己是什么时候读的《百年孤独》，事先也没有预料到作者会用重复命名的传统来带出一个家族无法逃脱的命运，第一次看这本书就被其中复杂的人名劝退。其实这都很正常，如果你看不下去这本就另寻一本。在培养阅读习惯的过程中，不断地挑选能帮助你形成自己的阅读品位和偏好的书籍。我也喜欢过郭敬明和韩寒，喜欢过萧红，喜欢过王小波，还一度沉迷于"迟子建式"的散文，摘抄了大量优美的句子，以期哪天能用在作文里。

养成良好的阅读习惯使人终身受益，即便走出学校也能拥有独立思考的能力。读书，须得读万卷，方可看破万卷。

（五）"下笔"如有神

此处的"下笔"并不是妙笔生花之"笔"，而是指的一手好字——人的第二个门面。中学阶段，尤其是文科生，练字应该是一门必修课。高三时，老师已经强调过无数次写出一手又快又好的字的重要性了。在扫描出来的试卷上，字形、字体对分数的判定有直接的影响。然而，错误的写字习惯一旦形成就难以纠正了。因此，练字需趁早。以牺牲速度为代价，汉字从框架结构开始，英文也须按照要求慢慢仿写。练字虽是从模仿开始的，但整日对着字帖临摹比不上自己写的效果好，功夫到了便可渐入佳境。

练出字形的下一步就是要提高写字速度，这是针对学习要求提出的。平时上课做笔记要跟上老师的思路，手中的笔速必须跟上；考试过程中面对巨大的答题量，不能出现完成不了的情况。接着，就是要让写出来的字赏心悦目，单个字好看还不够，整体效果更重要。以答题为例，要保证卷面整洁，写错的字可以用笔简单划去；在进行大段的文字表述时，还要做到条理分明，在允许的情况下用序号进行区隔。

我刚开始练英文字时，选了好几种字体进行模仿，有一次交作业时就使用了尚未练好的花体，对我来说可能追求的是字体的艺术效果，殊不知呈现在作业中的效果是很糟糕的，倒不如一般的字体简洁大方，于是在老师的建议下，我果断放弃了这种字体。

为了练出一手又快又好的字，要从写字的基本功开始勤加练习。为了达到练字的目的，不如换位思考，站在阅读者的角度想想你的字是否令其满意。另外，在练字过程中，老师的建议也很重要。

（六）定点攻破

认真学习文综的课程之后，我也总结了一些自己的经验。针对文综各科的特点，接下来我将从笔记和背诵两方面展开介绍。

首先，要做好笔记。因为高中的学习都是阶段性的，考核也是检验阶段性学习的效果。针对记忆量较大的历史、地理、政治三门科目，学生学了新的、忘了旧的是常有的事，所以漫长的总复习对高考起到了至关重要的作用。

按照惯例，一轮复习要对所有的知识点进行总结，因为不是新知识，所以会比学新知识时进行得更快，而且可以利用更全面的视角，将所有知识点进行归纳整合，形成系统。这时的笔记要求尽可能详尽，在后续需要查漏补缺时，笔记的优点自然而然就显现出来了。针对历史、地理、政治三门科目的特点，做笔记的方式也有所不同：历史知识点重在积累，不像政治知识点之间的边界那么明显，知识点之间的联系性也更强。历史课本的内容非常丰富，不方便在笔记本上进行细致总结，所以我习惯在课本上补充知识，在另外的笔记本上进行知识点的总结。地理属于自然科学，其中很多原理都需要通过图文并茂的方式记录来帮助理解和记忆。政治要求用语准确，而且教材中知识点的层级划分非常精确，先可以用树状图提取出关键的知识点，作为索引，然后检索教材，整理出完整的笔记，最后进行补充和丰富即可。

为了得到实用的笔记，做笔记的技巧显得尤为重要。不同颜色、不同字体、不同标记符号可以起到区分、突出和提示的作用。此外，还可以利用便利贴等工具。这些标签的选用只需要遵循一点原则：易于阅读者辨别和掌握。

在结束所有知识点的回顾和总结之后，接下来就是刷题的阶段，利用做题来对知识点进行巩固和考查。这一阶段，需要的是另一种习题笔记本，记录复习期间出现的有意义、有价值的题目。习题集中的题目也需要进行分类：按照题目来源划分、按照知识点划分、按照重要性划分……

其次，要学会背诵。文综各门科目的背诵量非常大，所以前期整理笔记才显得尤为重要。实用的笔记不仅可以查漏补缺，还可以在复习背诵时起到事半功倍的效果。我把记忆和背诵比作一个巨大的仓库，里面的货物存放分门别类，这是第一步整理笔记的作用，不仅要看货物是否齐全，还要看货物是否都放在了合适的位置上。通过背诵形成记忆的过程就是核对货物的过程，最好是一遍遍重复动作以确保万无一失。考试就是各凭本事从仓库中调出所需的货物。

具体来说，背诵有技巧吗？当然，我们需要的努力不是蛮力，而是巧力。

一是要在理解的基础上记忆，只有充分理解并认可的知识才能为我所用，这意味着在学习中遇到的任何困惑都要及时解决。二是要形成自己的知识网络，自己布置的仓库找起东西来才得心应手。在开始背书前，脑海里先浮现整个知识网络，使其一点点丰富起来，就算一处缺货了，也不影响其他货架的正常供货。三是要适时地锻炼记忆能力。记忆能力并不是与生俱来的，它可以通过训练来提高。在精力充沛的情况下，人的记忆能力可以得到充分发挥；同时，根据个体的差异，还可以选择在早晨或晚上强化记忆。四是要使用联想记忆法。举个简单的例子，初中时背诵化学元素周期表用到的口诀就是一种联想替代，这样可以大大降低背诵的难度。联想的对象只能根据实际情况而定，千言万语还是离不开一句"适合自己的才是最好的"。五是要及时和同伴核查背诵的内容。在背诵过程中难免出现疏忽，与同伴一起背诵是再好不过的方式。自己可能没有察觉到的谬误，其他人未必会放过，彼此监督的过程也是共同进步的过程。

从过程上看，背诵只能长期积累，掌握了背诵的技巧，达到"在脑海里翻书"的效果指日可待。学习的道路虽然不可复制，但一切成功也并不是无迹可寻。路我走过了，教训我也吃过了，希望这一点点经验不仅对我有用，对你也能有用。

四、"北大，北大"

（一）梦想触手可及

到了高考最后的冲刺阶段，各科老师停下来灌输鸡汤，不敢再打击我们，那时我也不敢想象自己有朝一日能考进北京大学，和全国各地顶尖的学子们一起学习，只想用最充足的准备迎战而不留遗憾。

2年过去了，我仍然能回忆起考试那2天的一些细节。父母看起来比我还战战兢兢，母亲说她确实睡得不踏实，总是掐着分秒时刻准备叫我起床。虽然走读的地方离学校不远，父亲还是坚持接送，一定要看着我走进教学楼才安心，当然这种重要的时刻，学校门口的阿姨们穿着旗袍争奇斗艳，几乎人人"大红大紫"，他也不会太突出，我甚至调侃父亲"穿件黄色的马甲加入送考的大军"。很意外地，在第一场考试前遇到早晨打过招呼的老师，他和路过的所有认识的同学一一击掌，最终我没能躲开，他笑容满面地举起一只大手，"啪——"的一声，打在我的手心上，那痛感我至今难以忘怀。临走时，他还不忘叮嘱我："要好好考啊！"说完，他就风风火火地走了。6月7日下午，数学考试前，尽管大家默认全部考试结束前不聊考试的内容，我还是听到不远处几个学生聚在一起说上午某考场钟坏了，而且最终也没有解决问题。我给自己顺顺气，还好没发生在自己身上。6月8日下午5点，我交完试卷就卸掉了一身的压力，开始期待着长达3个月的假期。

就是这场考试,让我真正和北京大学产生了联系。此前填的好几份自主招生的表格都石沉大海,我本来也觉得这些机会有万千比我更适合的人去获得,只有高考成绩才不会让我觉得是虚幻的筹码。

查分数那天大概是整个毕业班的学生最后一次在高中聚集,父亲催着我去学校,我的心里既期待又担忧,反而羞怯了起来。到了学校和同学一起等待最终出分的那一刻,由于人流量大、网络延迟了一些,大家都显得既兴奋又焦躁。最后还是在我没有任何准备的情况下接到父亲的电话,当他告知我分数和排名后,少有地,我仿佛身处一片虚无的境地,一时间周围静悄悄的,只有我一个人在慢慢地消化这个消息。

之后又是一系列新的博弈,我拿着志愿填报指南开始研究,选学校、选专业,一边是老师的建议,另一边是各种亲戚的建议。本来是很开心的事情,因为出现了分歧,我和家里还闹起了矛盾。这时候,我想起年少时张口就来的戏言"我以后要考北京大学",或许很多人读书都有一个进入全国最高学府学习的梦吧!最后我还是顺从自己的意愿,填上了北京大学。

(二)终是"北大人"

我总觉得自己的叛逆期是来得比较晚的,高考结束后,我时不时冒出想证明自己长大了的念头,总会想着和父亲对着干,这是典型的"没受过社会的毒打"。当我收到录取通知书的那一刻,让父母感到骄傲的念头甚至盖过了多年学习付出的得偿所愿。身边多少同龄人早就辍学打工,多少同龄人还担起养家的责任,与他们相比,我只会读书,读书可以让我日后的生活变得充盈。

上学以来最漫长的一个暑假也接近尾声了,我根据校方要求办理了入学前的所有手续,很快就收拾好行囊,坐上了北上的火车,地图上大学散落各处,我和高中同学也各奔东西。

这是我第一次来北京,第一次一个人长时间离开家独自生活,然而对一切新鲜事物的好奇远超对陌生环境的不适应。当我第一次看见北京大学的南门,将目光定格在校徽上时,即将入住的宿舍、未谋面的室友、新的课堂、知名的教授……一个更大的世界在我眼前慢慢展现。

上了大二后,我早已适应了在北京大学的生活。北京大学有个好听的名字"燕园",既厚重又浪漫。比起其他大学,这儿更像个社区,能满足我们生活中的各种需求。

(三)学在北大

相信很多人在高中时都听过一句话,考上大学你就轻松了。确实,高考成绩是进入大学的一块敲门砖,进入大学后,受到的约束会比高中少很多,只要不做违反校纪校规的事情,基本上所有的事情都可以自己安排。当然,这样有利也有弊,它最大限度地发挥了学生的主观能动性,但也会让不懂"规则"的同学感到茫然。幸运的是,那时我作为刚入校的新生,得到了学长、学姐的支持,脑子里各种各样的疑问都有人为我解惑,毕竟这也是燕园的传统了。

从高中到大学,我觉得学习上重要的是要把握好角色的转变,由一个计划的执行者变成计划的制订者。先要明确自己的目标,再规划好道路。在大原则不变的情况下,每个人都是自由的,不再有人成天盯着你,也没有人及时矫正你身上可能出现的偏差,但你要警惕的是,你的自制力也会随之减弱。

步入课堂,老师可以是传道授业的长者,也可以是平等交流的同行人。北京大学办学历史悠久,人文底蕴深厚,这个平台提供的不仅是大师级别的师资队伍、完备的学科体系、专业的教育模式,还有面向世界的视野,以及国内外前沿的知识。

(四)吃在北大

在上大学前,我就特别留意了学校的各大食堂,基本上每个食堂都有各自的特色,有靠近教学楼区的,有分布在宿舍楼区的;有的价格实惠,有的卖相精致……反正早起不愁,晚上还有夜宵,营业时间灵活的小白房更是喂养了一批同学。鸡腿饭、麻辣香锅、酒香坛肉、蕉叶烤鱼……这些都是榜上有名的十佳菜肴。在卫生方面，食堂有学生担任的食品安全监督员，每一位同学都可以积极参与和切身利益相关的事务。

只不过要记得错峰去食堂，不然忍受不了和陌生人挤在一桌吃饭的"社恐们"只能站着端起盘子进食了。

（五）住在北大

在一起朝夕相处几年的室友，即使没有机会课上见面，回到宿舍也算是一家人了。平时互帮互助可少不了，分个零食、一起过个生日、帮忙取个快递……这些都是小事，令我印象深刻的还是生病时受到的照顾。楼上、楼下借个体温计还算简单，能无微不至关照你的也只有室友了。当我不顾形象地捧腹大笑时，你们说"怀念当时的拘谨"；当看到我因为感冒而眼泪汪汪时，你们会强行送我去校医院……说好了，我们四人"苟富贵，勿相忘"！

这是一个互相保护、互相成长的大家庭，这是一个群策群力为寝室换上新装的大家庭，这也是一个需要大家互相扶持的大家庭。

（六）游在北大

众所周知，未名湖是北京大学知名景点，春有桃花夹道娇，夏有柳枝垂边挂，秋有银杏金黄飘，冬有冰场立冰刀。"四时之景不同，而乐亦无穷也。"未名湖边常有游客，尤其是周末，热闹得很，还有常年"驻扎"的画家写生，若有耐性，不妨看看湖色倒影是如何跃然于纸上的。运气好的话，晚上碰上博雅塔亮灯，选好角度、搭配置景，还可能收获一幅颇具意境的摄影作品。湖边的花神庙讲述着吴文藻和冰心夫妇的爱情故事，这同样也是情侣们爱来的地方。

但千万要小心湖边跑步的人，这儿还是锻炼、跑步打卡的地方呢！

（七）玩在北大

在这里，老师不会占用学生的课余时间来进行补课；在这里，你可以尽情发挥自己的特长；在这里，每个学期都会有100多个社团等着你去挑选；在这里，还有新生舞会、各种各样的文化节，只要你的手速够快，还有很多新电影上映等着你去欣赏。

在这座园子里，曾有许多故事，如今我们的故事正在上演，在以后的日子里，期待更多优秀的同人继续书写新的篇章。

随笔感悟

　　从第一天迈入学校的孩童，到端坐在燕园教室的一名大学生，自我收到了那一封从理想的大学寄来的录取通知书后，正式给我前18年的学习生涯画上了句号。

　　<u>如果用一位对我影响颇深的老师的话来说，就是只要最后取得的成绩是瞩目的，过去所发生的都可以作为轶事谈资。少年你回头望，确是或大或小的行为和选择造就了现在的你。</u>

　　一直心态良好的我习惯性记住个人经历中积极的一面，所以我从小就持有一种即使能力不是很出众，但好在永远有进步空间的自我认知，去面对和迎接挑战。与此同时，陪伴我学习的是善良的老师和热心的同学。我们听着别人的故事，也书写着自己的人生；借鉴着他人的经验，也总结着自己的学习方法。在高考的角逐中，我不是天资过人的选手，只能给出踏实的建议：良好的心态、适时的目标、长期的积累、有的放矢的技巧，愿与各位共勉。

陈昌媛

人生无处
不 青 山

毕业院校：江苏新海高级中学

录取院系：北京大学中国语言文学系

高考成绩：403 分，政治、历史双 A+，
江苏省前 10 名（文科，2013 年）

一、与父母相处的日子

我生长在苏北一个偏远的小县城里,过年的时候,亲戚们会祝福成绩好的小孩,他们总是这样夸奖:"一看就是清华、北大的料子!"孩子越小,这种夸赞来得越是随意与轻巧。我还记得小学时看报纸,高考前10名学生的姓名、学校、照片都详详细细地刊登在某个版面上,编辑仿佛是要给他们极高的待遇似的,用了超粗黑体字来衬托这些获胜者的成绩。在小县城里,如果你的名字、照片被登在报纸上,那可是了不起的成就。于是,从那时起我知道考上北京大学是件极其荣耀的事情,也是足够全县人热聊一个暑假的谈资。然而,考上北京大学这个梦想,既有点像天上的星辰那样遥不可及,又似乎近在咫尺。

在幼儿园时候,我知道抽烟不好,于是"教训"父亲不要抽烟。父亲优哉游哉地吐个烟圈儿出来,笑道:"北大、清华,你考上一个,我就戒烟!"我天真地说:"好!"于是,我将与父亲的这个约定默默记在心里。时隔多年,等我真的考上北京大学之后,就要求父亲兑现这个承诺,他反而问道:"真的发生过这件事情吗?我什么时候做出过这样的承诺?"然后,可怜巴巴地央求道:"你父亲只剩下这一个爱好了,你真的要赶尽杀绝吗?"我无奈之下,只能作罢。

读初中时,小县城里的孩子都铆足了劲儿想要考进市里的中学。市里的中学分强化班和普通班,我的成绩在县里排名靠前,但中考时偏偏没有发挥好,差一分进强化班。中考成绩出来的时候,我正在家里吃晚饭,亲戚打电话过来问分数。我紧握着手机,眼泪好像珠子似的掉了下来,很是伤心。终于,父亲开口问道:"考了多少分啊?"

我答道:"差1分。"

父亲以为我没考进市里的中学,便安慰我说:"小县城里的中学也不错!"

我说："考上了，但没考上强化班。"

父亲反而笑了，说："那有什么好哭的！"

母亲对我一贯要求严格，她知道我没考好，便多少有些不悦，但也没有说什么。我一直以为她不开心。

高一前的那个暑假，我预习完了高一上学期的数学和物理，每天坚持做两篇英语阅读和完形填空。也正是在那个夏天，我读完了路遥的《平凡的世界》和玛格丽特·米切尔的《飘》。如果说做题不过是我心里憋着一口气的某种"发愤"，那么阅读则为我打开了一个更为丰富的精神世界。而贯穿中学始终的优待，则是我始终享有某种特殊的"阅读自由"。随着我在旧书摊上大肆购买的旧书逐渐摆满书架，父母始终未置一词，他们从来没有因为我买的旧书均是课外书而抱有偏见，也没有因为我把零花钱悉数拿来购书而觉得是浪费钱。许多年后，我再次审视自己的成长经历，才发觉对于一个普通家庭而言，父母能做到这两点已是难能可贵了。

正式步入高一后，我搬进了市里的中学宿舍，毕竟是第一次住校，母亲陪我一起入学注册。她帮我收拾好床铺，又和宿舍的阿姨打了声招呼。我在一旁局促地站着，仿佛还未意识到自己即将开始独立生活。与母亲分别时，我本来是极不愿直面这种离别的场景，想要尽早离开，但母亲突然像安抚小动物似的，轻轻地、温柔地顺了顺我额前翘起的几根头发，温和地说："媛媛，好好学习！"

她转过身去，阳光照在她亮白色的高跟鞋上，闪闪发光，像是暴雨过后被卷上浅滩翻滚的银鱼。我盯着她逐渐远去的鞋子，鞋跟落在青石板上发出的"嗒嗒"声，好像一台二手电动气泵卖力运作时的声响，周围的熏风都随着她的背影渐渐远去。那时候，我只觉得喉咙里微微有些发酸。

这大概是从小到大第一次与母亲正式的分别，而它像极了一场成人礼的序幕。从此之后，我再也没有在家人面前流露出想家的情愫。母亲却失落地跟亲戚们说："我们家这孩子，就不想家。"爷爷则说：

"筷子拿得高，大概是要远行的。"

高考前的最后一个学期，我租了间房子在学校附近住。考前几天，母亲来陪我。很久没见，彼此有些生疏。母亲很努力地给我做各种美食，每天和邻居阿姨打听要给小孩补充哪些营养，还主动请缨来帮助我背诵历史知识点。但我确实背得不太好，她提了几个问题，我都没答上来。我倒是没什么压力，她却焦虑极了，摆着手退出房间说："你再背会儿，我过会儿来考你。"

高考前一天的黄昏，我本来想再看会儿书，母亲却执意叫我出去散步。至于我们路上聊了什么，如今我已经记不得了，只依稀能忆起郊区灰茫茫的天空与来往匆匆的汽车，着实没什么可看的东西。虽说是路边散步，倒不如说是吸烟尘。太阳一点点落下去，像是未出油的咸鸭蛋黄，带着某种干裂或软绵。或许，一切都是征战前夕的平静。

我必须承认，高考前夕父母的平静大大地缓解了我的焦虑。现在回想起来，高三是我有生以来脾气最差的时候，易怒、焦躁、哭泣，甚至洗头发时眼睛里进了水珠都能让我痛哭流涕。过于明确的目标反过来加剧了我的迷茫与担忧。但非常庆幸的是，在我情绪不稳定的时候，只要回首，始终能看到父母为我营造的一方宁静。

高考结束之后，在还没有出正式分数时，父亲母亲抱着各个大学的分数线研究了好久，最后父亲有些不耐烦了，说："要是考了二本，就随便报个大专吧！"

出分数那天，网上早已弥散着各色消息：哪所高中出了状元，哪所高中的平均分特别高。收到同学的短信，我才知晓自己考了我们班第 2 名，也是全市第 2 名。我迫不及待地想看到自己的分数，可是家里的电脑坏了，我只得去母亲的单位上网。这时，我才真正确认自己考了 403 分，除了数学如自己所料考得不太理想之外，语文和英语都发挥得不错，政治、历史竟然是双 A+。

回到家里，父亲早已得到消息。他眉眼里都是笑意，我第一次见到他这么爽朗地、开怀地笑，像个孩子一样。随后，他又跑去阳台，激动地给亲戚们打电话，第一个打电话的对象当然是爷爷。据父亲说，爷爷这几天走在村里都是大摇大摆的，逮着谁便要假装无意地提一句："这几天是高考放榜的日子哟……"

对于刚刚结束高考的我来说，这一切已经被赋予了太多的希望。直到在北大待了很久，久到我可以作为导游向游客们介绍北京大学的历史建筑，久到我可以作为新生助教与下一届的学弟、学妹们谈论校园里的最新动态，久到我早已习惯北京大学的一切——当我回忆起父母、亲戚这份巨大的喜悦，我还是觉得难以承载。

二、回忆高中生活

（一）理想的学校

高中的第一次班会，年轻的班主任请大家在一张卡片上写下自己理想的大学。我捏着笔忐忑了半天，心想着自己写北京大学会不会太招摇了，以后被人嘲笑怎么办，但还是一笔一画地写下了"北京大学"四个字。

然而，组长在收卡片的时候并未露出任何惊讶的神色。

我忍不住在下课后向大家寻问："你们都写了什么学校啊？"

组长说："嗯，除了北京大学就是清华大学……有两个写复旦大学和南京大学的！"

我："哦。原来大家都是这样写的呀！"

从那个学期开始，我迷上了《南方周末》，学校的小书店里每周五出新，我就会一路小跑过去买一本塞进书包里，每到周日下午，我就会挑选一间空教室坐在窗边借着阳光看报纸。偶尔，我也会买一小包瓜子，一边嗑一边用荧光笔画出自己喜欢的句子。有一次，老师恰巧路过，看我这么自在的样子，就在外面敲了敲窗户，我猝不及防地把瓜子壳用纸巾一包塞在抽屉里。

老师好奇地问道："你看什么呢？"

我结巴了一下："《南方周末》呀！"

老师并没有多说什么，而是顺手就把我的报纸没收了。

然而，我的眼界就是这样被一步步打开了。我至今仍记得看《南方周末》头版的新年发刊词时热泪盈眶。那种热血与情怀，几乎是投射在我学习生活中的一道光。晚自习下课，我就着窗户的雾气写下了"南方周末"四个字，并跟同桌说："看着吧，我以后要去广州，我要去南方报业集团上班。"她也信誓旦旦地拍着胸脯说："你一定可以的！"

可最后填志愿，她去了广州，我来了北京。大三寒假时，我坐了两天的火车找她玩，不巧遇上广州20年来最冷的一个冬天，便待在她的宿舍里看窗外飘着的片片雪花，整栋楼都是南方人的欢呼雀跃。我突然想起3年前的冬天，那面雾气氤氲的玻璃上几乎携载了我高中的整个梦想。她扭头问我："要不要去南方报业集团看看？"但最终我们并没有去。因为那年的冬天实在太冷了。

也正是由于迷上了《南方周末》，我渐渐地萌发了做一名记者的想法。我开始关注柴静、闾丘露薇、白岩松等人撰写的文章，我以为正义可以通过舆情的监督而实现。那时的我信奉着笔杆的力量。于是，高二文理分班后的某次班会，当班主任请大家填写理想院校时，我在卡片写上了复旦大学新闻传播学院。我想了想，又加了句诗，"人生无处不青山"。

你见过海市蜃楼吗？越往前走，越觉得它近在咫尺；越靠近终点，越发现它遥不可及。高中3年，我不过是发现了"北京大学"这块金字招牌好像也只是可望而不可即的神话。我虽然心高气傲，但是我的成绩放到全省，如果没有点运气，我不一定能考上北京大学。因此，与许多人不同，越往后走，我反而越没有考北京大学的执念。

（二）不一样的老师

高一在普通班的时候，我的化学老师是个即将退休的老太太，她的女儿就在北京大学念书。她觉得普通班不如强化班，总跟大家说："虽然你们刚入学的时候是 200 名开外（前 200 名在强化班），但是千万别自暴自弃，多少要以前 200 名为目标吧？"这就有点像是对贫民窟小孩的训诫："我知道你这辈子就这样了，但你也别自暴自弃，好歹成为贫民窟里的'英杰'吧？"

后来，她在监考第一考场时发现了我，眼睛瞪得老大（考场座位按照名次划分，那次我考了年级前 50 名），从此也不在班上说那些话了。多年以后，我看了《北京折叠》的小说，联想起当时考场上的一幕，仍觉得极具象征意义。或许，我正是通过考试而实现"阶层上升"的。

倒是英语老师，他经常在班上说："一开始进来是普通班，后来考上清华大学、北京大学的，我见得多了去了。"他知道一切皆有可能，而诸如"事在人为""一分耕耘、一分收获"的信念对我们而言又是多么重要。事实上，对于高中生来说，在所有的东西里，最不需要的就是血统论和出身论的兜售。

英语老师体格高大，戴着一副黑框眼镜，说起英文来总是很绅士、很优雅的样子，我有一段时间非常迷恋他的口音。于是，我做了一个学期的英语课代表，每天下午去他办公室问作业时，都会顺便带着几个英语问题去问他。那时候，我的英语成绩一直是名列前茅。

即便后来他不再教我们了，见到我时还是会问起我的学习状态。记得高二有一次我没考好，排在班里第 7 名，心情十分低落。在路上不巧碰见他，他就跟我说："这没什么大不了的！只要排在前 10 名就有希望！"

（三）跑步

晚自习时，课间有 10 分钟休息，我就会去操场跑几圈。学校靠着山，恰好挡住了东边吹来的海风。到了晚上，月亮静悄悄地在天边升起,带着暗沉的红晕,像是热带水域里浮起的发光水母。曾经有一段时间我总会遇到一个男生,他赤着胳膊,满身的汗,似乎跑了很久,也许他是个体育生。

后来,那个男生就不再来了,我想他或许是通过了某种测试,就不需要再这么练习了;又或许他把跑步挪到了清晨,这样更有利于提神醒脑。总而言之,操场上又剩下我一个人在奔跑了。

(四)进入"瓶颈期"

语文一直都是我擅长的学科,有两次我的试卷还被当作范卷,贴在了每个班的教室里。然而,高二小高考过后,我就进入了漫长的"瓶颈期",始终拿不了高分,甚至有几次跌至平均线以下,也不知道该怎么写作文了。当时,看着周围的同学一个个被老师表扬,我心里很难过。

高中时期,我是一个内心敏感的孩子,有一次受了委屈回到家就忍不住哭了起来。我一边洗头放出哗啦啦的水声,一边拼命地挤洗发乳,心里憋了一口气,实在有些不甘心。

那时大家拼到什么程度?有一次,语文老师读班里一个同学的高分作文,后来被发现是往年高考的满分作文,内容几乎一模一样,他竟然将它从头到尾地背了下来。

但语文老师什么也没说,只有意无意地提起:"你们就背嘛!多背好句子、好段落,不要那么蠢地直接用,要懂得化用!"

我当时不满极了,但也没有办法。

我至今仍记得语文老师在课上说:"要让你们的生命变得饱满!"正是那"饱满"两个字,让我感动了好久。语文老师是个特别崇尚名士的人,长得倜傥,做事也风流,从他口里说出某些妥协的话,着实让我很难接受。很长一段时间,我一边练习高考作文的范式,一边追问自己:"究竟我所追求的是什么东西?"——在一切都已被规定好的前提下,这也许是当时最不重要的问题。但我必须承认,类似的追问直接成为我步入大学校园后重新选择专业的伏笔。

语文考试有个名著题，语文老师让大家直接背答案。我一边顺从地背着，一边没来由地生气。

（五）"快了，快了"

高三是晚上10点下晚自习。当时父母已经为我在外面租了间公寓，由奶奶照顾我。附近的公寓几乎成了我们高中学生的宿舍。我的好朋友每天晚上都陪我一起骑车回去，我们两人就并肩骑着，说说笑笑。有时候，我们也一路无话，只是一声接一声地叹气。我叹一声，她叹一声。

我说："这样的生活什么时候能结束呢？"

她就说："快了，快了。"

然后，我们就开始畅想以后的美好生活。可是怎么畅想呢？其实我们对高考之后是个什么情形根本是一无所知。

最后一次模拟考，好友考了第1名，我考了第2名。班主任把我们拉出去问："还好吗？紧张吗？"

我们俩相视一笑说："好啊，好得不得了！"

班主任欣慰地笑道："那就好！"

（六）高考

高考那天，班主任穿着红色的T恤，我们刚想嘲笑他，突然发现所有的老师都穿了红色的T恤，还有一位班主任扛着一张巨大的金色卡板，这大概就是传说中金榜题名的"金榜"了。

大家乐不可支，有些女生抱着肚子笑，仿佛轻松极了；有些男生放声大笑，颇有江湖侠士的豪气。当时，我们站在学校的广场上，班主任朝我们大喊："高考加油！"金色的阳光照耀在他身上那件红色的T恤上，就像一盘西红柿炒蛋。

开始考语文的时候，我下笔写字的手在抖。我清晰地感受着自己发颤的身体，但内心无比冷静，仿佛身体和头脑分开了似的。但我写着写着，逐渐忘记了自己身处在高考的考场。就像以往许多次考试一样，我全身心地投入进去，平静地作答，直至考试的最后1分钟。

唯一值得一提的是英语，我邻桌的女生大概只是来考着玩玩的，总而言之，在考听力时，她许是觉得太无聊了，突然开始削铅笔，还发出很大的噪声。其实，那噪声也不至于盖住听力的广播声，但确实非常干扰人集中注意力。监考老师没有管，我也不可能举手示意，因为听力还在继续播放，我只能迅速调整好心情。

高考那3天的天气都很好，考试结束后整栋高三楼都在欢呼。空中散下白花花的书本和试卷，像是伸展双翼的白鸽。年级主任扯着嗓子在楼下大喊："不要扔，不要扔！"

大家反而开心地笑了起来。

三、学习经验

（一）语文作文

高中刚入学时，我们的语文老师给我们念了一篇孔庆东写的小短文——《怎样学好语文》，开头第一句便是，"我的语文的确学得蛮好，不敢说打遍天下无敌手，反正从小学到大学各种语文考试永远第1名，到高中阶段就已经基本不用听语文课了，闭着眼睛也能得90分以上"。但随之一句是，"可是我的语文本事主要不是从教科书上得来的，而是'功夫在书外'"。

这时，语文老师告诫我们："语文能力归根结底是阅读和写作能力，你们光背着教科书上那几篇文章有什么用呢？记住，功夫在书外。多读书，这是我给你们的第一条建议。"

那时，我还依靠初中时的功底，在前几次作文考试中获得了不错的分数，语文老师也称赞我的作文里有不错的细节描写。事实上，写记叙文其实不难，有些老师强调要有生活原初的体验，这话倒是没错。作文里新鲜的素材与生动的细节，完全可以根据生活中的一个原型进行再创造。我记得自己高中第一篇被列为范文的作文,是一个命题作文,题目是"记一个烈日炎炎的夏日"。我当时写的是我家门口一个拉二胡的老乞丐。当然,我家门口没有乞丐,更不要提他会拉二胡了。但这些都不重要,重要的是我看过拉二胡的乞丐,并且也有所触动,至于细节与心理描写,都是作文再加工时需要强调和修饰的东西。

好的细节描写在记叙文中属于画龙点睛的一笔。但如何将它写得生动,还需要功力。我回头看自己的作文,免不了觉得肉麻,就是因为其中有些细节显得做作。后来,我迷上了《南方周末》,其中的特稿写得十分精彩。特稿是一种新兴的新闻形式,是以讲故事的方式来报道新闻。新闻本是朝生暮死,而这种介乎文学与纪实之间的文体,却能够获得长久的魅力。如何讲好一个故事,我从《南方周末》上受益良多。

但是到了议论文,我经历了很长一段时间的"瓶颈期",下笔不知道写什么,写出来的东西自己都不想再看一遍。当时,语文老师批评我的作文写得"随意",我便闷闷不乐,于是每写一篇作文就去办公室找语文老师指点。但有时又觉得语文老师给出的意见太过宽泛,解决不了实际问题。当时班里有位女生写的作文是三段论式的,这种议论文风格简洁、易模仿,曾一度非常受宠。我也忍不住写过这种类型的作文,却从来没得过高分。我总结经验,三段论式只是个形式,而深究下去,如果文字的品质上不去,还是徒劳。

高中生写议论文,怕的是一没观点,二缺文笔。观点不是人云亦云,也不需要标新立异,而是说对所给材料能够剖析清楚,并给出一个明确的看法。而行文也不是诗词歌赋与名人名言的拼凑、堆积,而是随感而发,注重流畅,流畅中自有一股气势蕴藏其中。这气势薄了就显得轻浮,厚了则显得夸张。这个时候对我影响较大的一个刊物是《作文与考试》。说来有趣,我每次看这本杂志,不是看里面的作文,而是看作文后面的点评。那个编辑的文笔真是好极了,我每次看都忍不住把他的点评抄到本子上，情不自禁地模仿他的文风。

语文老师常说要形成自己的文风，但写作总是从模仿开始的，着实没有自己坐而论道就生创一种文风的道理。所以这时就要多阅读，只有各种文章接触得多了，你才知道自己喜欢哪种，想要写出来的又是哪种。而在阅读中积累的那些别样的修辞和事例，放到自己的作文中也会让人眼前一亮。当代一些作家的作品，既有见识又好玩，不妨多拿来读读。那时，同学送我一本李海鹏的《佛祖在一号线》，我喜欢得不得了。闲暇时，我还会读一读余秋雨的散文。我记得同桌喜欢木心，受她的影响，我买了本《文学回忆录》。

从高一到高二，语文老师对我们的要求是每周交周记。到了高三，我们也仍旧保持两周写一篇周记的习惯。因此，我的建议是，珍惜每一次写作的机会，打磨好每一篇文章。我写作文的速度比较慢，有些同学花 1 小时就能写完一篇文章，而我要慢慢磨 3 小时。写完之后还不满意，甚至想弃之重写。但这么一次一次练习下来，我慢慢地找到了自己的风格。所以说，作文的练习不在求快，而在日积月累地多读多看、多抄多写、多记多诵。

（二）语文基础知识

第一，语言的学习需要长时间的积累。高考语文有一道题型就是考查语言文化的运用，看似简单，而一旦做错，就会扯后腿。我积累经验的方法就是准备一个小本子，平时无论是阅读还是做题，碰到自己不认识或不确定的生词、成语，就会顺手抄下来查一查，没事的时候，就翻一翻小本子，或者每天早自习的时候花 2 分钟迅速浏览一遍，这要比考前抱着一大堆的生字苦查来得扎实。而且，记录这些生词对提高作文的精准用词也有帮助。我还记得当时看钱钟书的《围城》里有一句话："也许是给太阳陶醉了，所以夕照晚霞隐褪后的夜色也带着酡红。"于是，我就去查"酡红"一词的意思，它"一般用来指代饮酒后脸上泛现的红色"，比如满脸酡红、两颊酡红。后来，我在一次作文中就用上了这个词。

第二，不要忘记回归教材。关于课本，课文当然是必须要熟悉的，其中的语法现象也不妨多加关注，考题中改病句中的一些句子就有可能出自课文原文。诸如文言文中的古今异义、通假字、词性活用、一词多义等，这些需要记忆的知识点都需要巩固复习。教材是源头，每次记忆的时候可以回顾它最初出现的语境，这就好比背英语单词最好的方式就是做阅读训练，汉语的学习同样可以效仿。而且记忆也是有技巧的，既要知其然，又要知其所以然，这样记忆才会更加深刻。

第三，做文言文题型的时候，一定要学会有取舍地精读。各类教辅书的参考答案上一般会附有文言文的翻译，可以先尝试自己翻译，然后对照参考答案给出的例文进行核对，以此积累生词和掌握文言文用法，注意细化到每一个字、每一组词的对应。最好常备一本《古代汉语词典》，平时可以翻一翻常见的字、词。我记得高三有一次考试，考到"燕席"的"燕"字时，当时班里只有寥寥几人写出了答案。我问其中一个答对的同学，她说有一次在查"燕"字的意思时，顺便积累下来的。而文言文中的好故事、好句子，不妨也可以随手搜集，以便在作文中随时使用。

第四，对于诗歌的阅读，要学会对其进行分类。一般来说，教辅书上对诗歌都有归类，比如某位诗人的一般风格，李白飘逸、杜甫沉郁、温庭筠艳丽等。这些诗歌风格的套语最好都要记住，并且在课余时间里也可以翻一翻古人写的诗品，一是可以扩充回答诗歌赏鉴题时候的词汇量，二是可以对写作大有裨益。我当时看司空图的《二十四诗品》，其中分了"雄浑""冲淡""纤秾""高古""典雅""洗练""劲健""绮丽""自然"等品格，并且下面还附有一组写景四言诗来进行比拟。同时，还有王国维的《人间词话》，想必也不用我再推荐了。如果对中国古代诗歌感兴趣，最好拿来读一读。

第五，做阅读部分时，不仅要记住答题的套路和一些专门的术语，诸如渲染气氛、首尾呼应之类的，还要勤做题，积累应考经验。

保持语文的阅读语感十分重要。因为语言的学习如果有一段时间不去练习就会失去做题的手感。高三时,我每天都要做一篇阅读理解,有时候不一定要像考试一样规规矩矩地写下完整的答案,只是把答题的要点写上去,然后对照答案看自己有哪些疏漏之处。事实上,做阅读理解也不是在市面上随便买一本习题册盲目做题,往年的高考题其实是最好的练习题库,因为高考题给出的答案更加精准,更加具有模仿性,而且出题人也不会出一些奇奇怪怪的文章刻意地为难考生。但是,阅读理解真正想要拿高分,还是要提高阅读能力。高三的时间再紧张,每周还是可以给自己留出1小时的阅读时间,读名家散文、杂志、报纸等。

(三) 英语

英语似乎是所有学科中极具"地域性"的一门学科,早在上小县城里的初中时,英语老师便和我们强调:"市区里的孩子英语会好些。"等到了市区,班上的英语老师又和我们讲:"苏南的孩子英语会好些。"等到了大学,北京、上海的学生英语的确是要更好些,而这绝不仅是应试能力。他们说起英语来落落大方,甚至有些同学还能说一口地道的美式英语。

这种现象当然可以理解,而教育学的学者们也可以举出种种的数据来证明地区教育资源的差距。但我想要说的是,即便从小到大我都处于所谓的"弱势地区",英语也从未成为我的软肋。恰恰相反,到了市区中学,我作为小县城里来的学生依旧可以考到班级第1名。上大学之前,我从来没有练习过真正的英语口语,也没有接触过其他语言;但上了大学之后,我依旧能够通过自己的努力考到雅思7.5分,法语C1的语言证书。并且,我还在继续学习其他语言。学习语言就如同游戏闯关,越学越能激发兴趣。

在进入具体的学习方法介绍之前,我想说的是,英语其实并不可怕,它和中文一样,只是一门普通的语言,但它的不普通则在于,它对于我们而言,几乎是一种非常陌生的文化。这就是生活的局限所致，你只能以自己的思维方式去想象其他民族的生活。

那如何克服这种局限？我的建议是，尽可能地营造一种"熟悉感"，尽可能地欺骗你的大脑，让你的耳朵和眼睛长时间地处于英语的浸泡中。不仅可以看美剧、听广播，还可以看 BBC 的纪录片、听英文歌。但在浸泡的过程中，不要把英语当作一门你要去考试的学科，而要把它当成一个工具、一个你接触外面世界的渠道。你的学习重点也不是要抓某个单词、某个语法点，而是去捕捉、提炼有用的信息。比如听完一段广播后，你可以大致复述出几个重点；读完一篇新闻后，你能够概括出这篇新闻的大意。这是学习任何一门语言的最终目标。

如果你已经高三了，可能说这些稍稍有些迟了。但是没有关系，英语几乎是一门非常应试化的学科，甚至从某种程度上讲，你需要感激它是如此的程序化。如果它像雅思、托福一样考验你综合运用英语的能力，那么来自小县城的我恐怕永远无法考过市区里的学生，生长在苏北的我也很难考过苏南的学生。究其根本，还是视野的问题。所以，我真心实意地希望所有出身贫寒的孩子，能够抓住这次机会，实现平台的上升。

那么，如何准备高考英语？

首先，当然是背英语单词了。高中英语书后附录的词汇表、平时上课时的英语笔记——相信你的笔记上都记下了这些核心英语单词的用法和典型例句。做到完全熟练记诵是基本功，只有基本功扎实了，才能说在做题时积累其他的生词。

其次，就是语法知识的复习了。平时在学校里，老师已经展开了专题性的复习。当然，和许多同学一样，我的书架上也有两本书——《初中语法知识大全》和《高中语法知识大全》。但和许多同学一样，我几乎从来没有完整地从头到尾翻过它们。对于我，它们就相当于《现代汉语词典》一类的工具书。在做题时，一旦我遇到了困难，就会先去查阅一下这两本书，然后把相应的用法和例句抄写在笔记本上。

最后，依靠大量的练习来积累经验。在高三阶段，我会 1~2 天做一张英语模拟卷（作文和听力不做）。但如果只做题，不重视积累和复习的话，也是徒劳的。所以一定要给自己安排定期的复习和归类整理的时间。如果遇到不懂的错题，或者在阅读时碰到难以理解的长难句，可以多问老师，也可以多请教学习优异的同学。因此，在学习上一定要充分利用身边的资源，自己琢磨可能会浪费很多时间。

四、在北京大学的时光

（一）食堂

暂且聊些轻松的话题，不如先从食堂说起。刚来北京大学的时候，我每天早上7点起床，洗脸、刷牙后，跑去学一食堂吃早餐。清早，还没有什么学生，大多是提着饭盒的老大爷、老太太排着长队买早餐。他们一见我来了，纷纷让开位置。我问他们怎么不先买，有人便笑着说："等油饼呢！"

油饼是什么？作为一个土生土长的苏北人，我可真没听过这一吃食。后来，自己也买来尝了一份，4角钱一张。哎，这不就是油条嘛！只不过长得不太一样，油饼是要做成圆饼的形状。这油饼外面看着金黄、脆亮，但里面蓬松、软糯，既漂亮又好吃。我见到有些大爷，买碗2角钱的豆浆，把油饼泡在热豆浆里吃，油饼内的面粉被豆浆滋润得又软又香，实在是美味极了。

许多时候，我不想排队，也不想吃油腻的东西，便去买蒸好的包子。学一食堂的冬菜包一向名声在外，但我从前只知道雪里蕻，不知道冬菜。每年秋冬时节，我们家就会腌上一大盆，留着搭小米粥，或者烧豆腐、炒肉末，但没听闻它可以当作包子馅儿的。

于是，我果断去学一食堂买了份冬菜包，7角钱一个，刚吃第一口，便忍不住说道："哎！这就不就是雪里蕻嘛！"

这冬菜包的味道着实不错，咸、脆、细、甜，只是食堂的师傅还加了点辣，油味稍重些。虽然是素菜，但吃起来倒是口感丰富，馅料又足。对于我这种食量不是很大的女生来说，一个包子加上一杯豆浆，就足以饱腹了。

那一阵子，我坐在学一食堂里，经常静静地看着穿保安服的年轻人、着工装的中年人、披旧式尼龙外套的老年人，三三两两，聚在一张桌子上，吃着油饼，喝着豆浆，拉扯家常。太阳慢慢地升起来，学一食堂被照得既敞亮又温暖。

再后来，我起得迟了，一觉醒来已经是早上9点了，自然就吃不到学一食堂的早餐了，只好改去松林餐厅。松林餐厅是学一食堂旁边专门卖包子和粥的小食堂。早上9点的松林餐厅，还是要排队的。我第一次吃生煎包和三丁包的时候，觉得此物只应天上有，人间哪得几回闻，便拉来朋友一同分享。她是地道的上海人，刚一看到生煎包的卖相便眉头蹙得紧紧的，一脸悲愤地举起生煎包说："时无英雄，使竖子成名！"

于是，她就给我科普真正的生煎包应该是什么模样。上海人管包子叫"馒头"，对此我是很惊讶的，我们那儿包子与馒头有着绝对的区分，有馅的是包子，没馅的是馒头。而生煎包的评判标准则是：底脆、汤多、肉鲜。它的包底应该是金黄、脆香的，包面上还会撒上几颗芝麻和葱花。第一口咬下去的时候，生煎包得有鲜浓的汤汁喷涌出来。但我不是上海人，没什么地缘论的讲究，对松林餐厅的生煎包还是相当喜爱的。

刚进松林餐厅，我便觉察到很多学生都会蘸醋吃包子。包子怎么能蘸醋吃？只有饺子才可以蘸醋吃！但迫于好奇心的驱使，我还是忍不住倒了一小碟醋……从此，打开了新世界的大门，光荣地加入了"蘸醋党"的队伍。尤其是，吃生煎包的时候得先咬那么一小口，然后用白面皮那头蘸点醋，再将整个生煎包放进嘴里咬上一大口……真是美味极了。

之后，松林餐厅吃腻了，我和同学很长一阵子都去面食部吃早餐，那时还有小馄饨卖，3元钱一碗，碗里大约有8个小馄饨，上面撒着小虾米和细细的香菜叶子，吃起来新鲜可口。而说起学五食堂，其实它以前只有面食部、桂林米粉和康博思几个摊位，如今都合并到了学五食堂。面食部卖的鸡蛋夹饼，1.5元钱一个；以前桂林米粉摊位卖的鸡蛋灌饼，2元钱一张。这些都是我的心头好。你简直想象不到，光一个鸡蛋、一团面粉，就能做出这么多的花样来。不过，面食部卖的鸡蛋夹饼，倒真是朴实，一个饼里夹个煎鸡蛋，就着豆奶的咸味一同食用，就着实美味。如果在鸡蛋夹饼内拿刷子抹上一层豆瓣酱，再夹点土豆丝、海带之类的凉菜，就更加咸香可口了。

（二）上课

有一个学期，哲学系的W老师给本科生开设了关于海德格尔的课程，大家提前知道后，纷纷奔走相告。我拉朋友选修这门课，她一开始还有些犹豫，怕课程太难，我就和她说，W老师上课的风格，深入浅出、条理清楚，无论多么复杂的东西都能给你捋得明明白白的。不如趁他讲海德格尔时，把《存在与时间》好好读一遍。

这学期开设的是原著选读的课程，要用到文本。W老师就将《存在与时间》的德文原文和英文译文以Word的形式呈现，讲课的时候，他就一段一段地梳理，大家也看得清楚明白。

W老师谈起他跟一个德国教授聊天，那个教授听到他要用一个学期讲完了《存在与时间》，几乎是不敢相信的……因为他们一个学期也只读一两个章节。

W老师就跟我们感慨："我是看透了人性啊……我知道你们在座的绝大多数人，估计上完这门课后，是永远不可能再去翻《存在与时间》这本书的。"

台下众人惊呼："老师，你真相了！"

W老师最初就说："读《存在与时间》这本书，一定要读原文。英译本有两个版本：老本子翻译得虽然文字流畅些，可是很多译法都是有问题的；新本子倒是翻译出了些意思，然而文字反而比原来的德文还要难懂……"

于是，上课的时候，我经常听到这样的吐槽："这个翻译是有问题的呀！"然后W老师就停下来，给我们细细地讲解其中存在的问题，并且按照他的想法，仔细分析翻译成哪个英语单词更妥当些。

W老师对自己的课，要求是很严格的。他一开始就说："你如果想混学分，北京大学有那么多'水课'，你随便选！但拜托，请别到我的课堂来。"

期中考试时，大家交的读书报告，W老师很用心地都看了一遍。他觉得整体质量没有以前好，就叹气说："可能海德格尔确实相比以前的笛卡尔，是比较难进入一些……不过有些同学，把海德格尔的原文删删改改就给我交上来，你给我站出来说说是什么意思？"

W老师有个女儿，极受疼爱。上课的时候，W老师也经常会拿小姑娘来举例子。

在讲解海德格尔的"entfernung"（消除距离）时，W老师就曾说："这个词不能理解为消除空间上的距离，比如我把东西放在我闺女后背，她怎么拿都拿不到，这个东西虽然离她这么近，但绝对不是'entfernung'。"

再如，W老师讲"zeitlichkeit"（时间性）时，谈道："你们看，我闺女的生日和北京大学的校庆日是同一天——5月4日。然后，我就把这日子记得特别牢。在这之前，我就天天盼着这一天的到来……这就是一种生存论的时间性。"

我一直很好奇，小姑娘如果知道，自己的故事长时间被父亲用作讲哲学课的素材会是怎样的心情。

还有一次，课后几个同学跑去向W老师请教关于海德格尔的问题。这时，W老师就会兴致勃勃地从书包里掏出一本崭新的英译本《存在与时间》，激动地说："这是L老师几年前送我的，我前后都翻了七八遍了，可还是有些地方没搞懂……"

我那时第一次读《存在与时间》这本书，已经有些吃不消了。想到老师竟已读了七八遍，心里真是既惊叹又佩服。老师在学术上的专注与认真，永远令我敬佩。

五、结语

如今，我在北京大学待了数年，早已从最初的"如梦似幻"到现在的淡然处之。北京大学的金字招牌，自然到哪里都是响亮的，但身为一个普通人，在面对别人的惊叹或是赞美时，我始终清醒地认识到，我不过是一只狐假虎威的狐狸而已。因为一点点可怜的运气，我得以轻而易举地获得一些资源和机会。但在这老虎的肩膀上，我也能清楚地感受到一个更加残酷的世界。这一点可以清晰地在毕业生的处境上体现。曾经有一篇《我是北大毕业生，但我找不到工作》的文章在朋友圈疯转，名校光环之下是学历变现的焦虑和恐慌。我每年回家，都必须面对亲戚"你能找什么工作"的质询。北京大学之于我的亲戚，也许只是等同于一份稳定的工作、一沓丰厚的工资。如果拿不到对等的薪酬，你当初收获了多少羡慕，如今就将收获多少嘲笑。

• 图书馆内拍摄的毕业照

但我仍要说，北京大学之于我，远超过这所有的一切。我在这里学到的真正有用的东西，恰恰是在旁人看来无用的东西。无论是最初在中文系听老先生们讲唐宋传奇、魏晋古诗，听年轻的女老师讲丁玲与革命、鲁迅与启蒙；还是后来到了哲学系，看苏格拉底在雅典城邦前辩护自由与民主，与卢梭一起教育年轻的爱弥尔，我学到的绝不仅仅是一种做学问的方式，还有为人处事的道理。高中所背诵的"浴乎沂，风乎舞雩，咏而归"，我到了很久以后，才能真正理解其中的精神意涵。

必须承认的是，在北京大学学习的几年，我需要实现某种意义上的经济独立，但我从未陷入某种与金钱相关的焦虑和恐慌。金钱之于我，是维持一份基本体面生活的必需品，但从来不是必要品。北京大学让我得以诚实地面对自己。我不回避任何一切，依然能够坚持自己的原则。读书最终是为了反观人生，而不是混于市面喧嚣。因此，我对北京大学始终心存感激。在北京大学的这几年，我真正知道，在"北京大学"这块金字招牌底下，藏着比这个名号更高贵、更美好的东西。而这个东西，只有你切切实实地来到这里，才能真正体悟到。

随笔感悟

> 这篇文章的标题，取自毛泽东17岁时赠予自己父亲的诗作："孩儿立志出乡关，学不成名誓不还。埋骨何须桑梓地，人生无处不青山。"我是在几乎同样的年纪读到这首诗的，也同样暗暗抱着一番叛出乡关的心思，自然大有同感。但时过境迁，离乡七载，故乡往事之于我，早已是萦绕心头，挥之不去。<u>大概漫游远行的意义，恰在于认识到，故乡便如同这影子，摆脱不掉，却也相依相伴。</u>

丁文程

燕园情，学子心

毕业院校： 曲靖市第一中学
录取院系： 北京大学经济学院
高考成绩： 668 分，云南省第 4 名（文科，2016 年）

小学时，我的目标是考入当地最好的初中，为的是考入一所好高中；初中时，我的目标是考入当地最好的高中，为的是考入一所好大学。但全国有很多所好大学，我该如何选择？高中第一堂课，班主任请来了刚考入北京大学法学院的学姐，她为我们分享了她的北大之路。那是我第一次见到考上了北京大学的人，她的谈吐与气质让人敬佩。一直以来，北京大学在我心中就是白月光般的存在。我的内心更加确定了：我想上北京大学！原因很简单，我想成为像他们那样的人。但要考北京大学并不容易，这个梦想也被我藏在了内心深处。一路以来，在父母的支持、老师的帮助和自己的努力之下，我的"北大梦"终于生根发芽，我也成为心心念念的"北大人"中的一分子。

一、父母是最好的老师

在每个人的成长过程中，父母是我们的启蒙老师，教会我们很多东西，给我们潜移默化和深远持久的影响。

我的父母是普通人，我第一次当他们的小孩，他们也第一次为人父母。也许，他们并不完美，但我觉得他们都在努力地扮演好父母这个角色。

（一）父亲：默默奉献是种无私的关怀

一旦找到学习目标和动力，你的学习就会变得更加主动与高效。我的父亲在我寻找学习目标和动力的过程中起到了很大的开导作用。

我的父亲生于20世纪60年代，家里的兄弟姐妹很多，那时的生活还很贫苦。为了让家里更小的妹妹们上学，父亲在小学二年级时就辍学了，一直在家务农以贴补家用。长大后，父亲跟随爷爷来到矿厂里当电焊工。之后，矿厂的经济效益变得很差，濒临破产，众多工人纷纷离职，父亲也不例外。离开原先的矿厂后，由于文凭和技能的限制，父亲只能继续寻找和从事电焊相关的工作。电焊这行的工资待遇和劳动强度非常不成比例。长期从事电焊工作的父亲也落下了一些职业病。那时，父亲寻找的电焊工作常常与工程项目挂钩，当工程项目结束之后，电焊工作就不再需要了，于是父亲就得再次寻找新的工作机会。在我心中，父亲挺像"候鸟"的，到处奔波，不断寻找下一个工作机会以贴补家用。因此，父亲心里常常是没底的，不知道这个工程项目做完之后还有没有工程项目可做，他长期承受着很大的心理压力。

我开始懂事时，大概是在小学三四年级的时候，父亲就将他自己的故事讲给我听，每次讲都会有不同的切入角度。父亲想要传递给我的中心要点就是要我好好读书。生在我们那样的家庭，读书是最好的出路。青春叛逆期的时候，我一度觉得他一直讲很烦，后来慢慢长大，我渐渐理解了父亲，没有人天生就喜欢诉苦和怨天尤人，父亲很想让家人过上更好的生活，但是迫于现实的压力，他感到无力和无奈，只好把希望寄托在下一代的我身上。

长时间在父亲这样的教导下，好好学习的重要性无形中烙印在我的心里，年幼的我仿佛找到了学习动力和目的：考上一所好大学，找到一份好工作，让家人过上更好的生活。同时，父亲也给了我很大的空间去做自己喜欢的事，所以我没有被父亲厚重的期待所压垮。学习对我而言是一件快乐的事情，我隐隐约约地知道学习既是为了自己也是为了家人。现在的我很感谢父亲用自己的亲身经历来告诉我学习的重要性，尽管当年的我有些反感他的唠叨。

（二）母亲：陪伴是最长情的告白

由于父亲长年外出打零工，我从小和母亲相处的时间要更多一些。一路以来，我从母亲的陪伴中汲取了很多前行的力量。这其中，有两件让我印象非常深刻的事：一是高一时的文理分科，二是高三时的走读生活。

在文理分科时，如果你在文理科上的成绩差别不大，那么普通人都会建议你去读理科。而我，就是这一类人。我的亲戚、高中的班主任都建议我报理科。我母亲也咨询了一些朋友，他们都建议报理科。他们的理由是理科专业多、就业前景好等。那时的我有点固执，既不喜欢高一时的生物老师和班级氛围，又不服气自己中考发挥得不太理想而没有进入市里最好的高中尖子班。而这次只要我选文科就能去尖子班，但选理科就可能与尖子班失之交臂。正因为这样，我选择了文科。周围的人都反对我这一决定，而母亲知道我选择文科的真实原因后，义无反顾地选择支持我。记得那天晚上，我和母亲聊了很多。母亲说："只要你想好了，就要好好做！"这么简单的一句话却给了我很大的力量，带我走出了究竟是学文还是学理的怪圈。进入新的文科班后，我遇到了全校优秀的老师和同学，安心地在班级里学习。

高三时，我的学习压力增大了不少，人也变得比以前更加敏感。因为作息时间和室友不一致，有段时间我基本上没怎么睡着觉，精神状态也不是很好。于是，我向家人提出了走读的想法。我的家在一个小县城里，母亲是一名普通的农民，在家附近打零工。而走读意味着离开县城来到市里租房，这对我的家庭来说是一笔不小的开支。前一年，我姐在备战高考时选择走读，最后的高考成绩并不理想。因此，家人一致认为，我姐走读和高考成绩不理想之间有着很大的关系，毕竟家里的学习氛围远不如学校的学习氛围那样好。我向家里抗议说："学习的好坏与自制力有莫大的关系，而且自制力因人而异，我姐的自制力不够强，但我的自制力足够强。"最终，母亲力排众议，选择支持我。来到市里后，她在学校附近租了一间房，还找了一份零工。这样，我便开启了高三的走读生活。之后，我的生物钟变得非常规律，精神状态也变好了。更重要的是，母亲的陪伴让我感到更加安心，尤其是当教学楼里的高考倒计时牌由三位数变成两位数时，每个人的心里或多或少都会有点焦虑。晚自习结束后，快到家门口时，看着窗户外泛出的微微灯光，我知道有人在等我回家。那一刻，再焦虑的心也会变得踏实。在家时，我会跟母亲聊学习情况和学校生活。这样短暂的聊天很解压，如今回想起来，那是一段劳逸结合、张弛有度的备考生活，让我保持了充足的睡眠和适度的放松，精神抖擞地迎接每一天。

高中是树立自我认知和个人价值观的重要阶段。母亲在这个阶段总是支持我的选择与决定，默默地陪伴在我身旁。她告诉我，选择不可能尽善尽美，总会有得有失，重要的是要想好自己需要什么，要有咬定青山不放松的魄力。后来我来到北京大学元培学院，面临选专业的问题时，突然想起母亲的陪伴与告诫，我仿佛又找到了正确的路。大学4年过去了，我很庆幸找到了自己喜欢的专业。

高中这一阶段，我好像在跑一段"马拉松"，父亲在前面示意我前进的方向，母亲则在一旁跟我一起奔跑并在必要的时候给我加油打气。因此，我能够成功跑完一段"马拉松"，父亲和母亲的帮助都不可或缺。

我的父亲和母亲都是普通人，文化水平不高，没有很好的工作和稳定的收入。我从小在县城里长大，没有体验过物质丰裕的生活。但我从没有怨过父母，甚至很庆幸自己有这样的父母。

二、没有人知道最后的黑马会是谁

黑马原指在赛马场上本来不被看好的马匹，却能在比赛中让绝大多数人跌破眼镜，成为出乎意料的获胜者；借指在比赛或选举等活动中出人意料获胜的竞争者。而我或许算得上这样一匹奔跑在漫漫学途中的黑马。

（一）12年的求学路

一开始，我不太适应快节奏的小学生活，上课讲小话、爱闹腾，做作业敷衍了事，一年级时的成绩很糟糕，一直在班级的下游。但在父母的耐心指导和哥哥姐姐的激励之下，二年级之后，我的学习态度认真了许多，渐渐养成了良好的学习习惯，成绩有了较大的起色。这样的学习状态一直持续到了六年级。

我的初中生活，整体上算是一帆风顺，几乎每次考试排名我都保持在年级前 10 名。虽然中考发挥得略有遗憾，但我最后还是进入了市里最好的高中。

现在想来，我的高中生活是比较波折的。市里那所最好的高中汇集了全市优秀的学生，竞争异常激烈，周围的人与环境给初来乍到的我带来了不小的心理压力。尽管我很努力，但每次考试我都不再是年级的尖子生，考得好时才勉强进入年级前 100 名，考得差时就落到年级 300 名左右。这使我产生了明显的心理落差。高一文理分科，我有幸进入学校最好的文科班，但心理落差和学习压力再一次以更凶猛的姿态向我袭来。我一直排在这个班的中下游，各科成绩也在这个班的平均分徘徊。硬币皆有两面：一方面，这个班带给我优秀的同窗、高水平的师资队伍和良好的学习氛围；另一方面，这个班也给我带来了压力与考验。最后，我们班的高考成绩比较理想，全省文科前 50 名我们班占 19 人，其中还有一个是全省文科状元。

我很难从高二、高三所有考试的排名中预测自己的平均水平，因为我的成绩波动比较大，有时成为年级第 2 名，有时落至班级下游。有意思的是，不只是我，我们班很多人都面临这一问题。结合我们高中往年的录取情况，我觉得如果自己考得比较理想能去中国人民大学，考得一般就去厦门大学，如果考得不好的话，我也想过复读。高考成绩出来后，我是全校第 2 名，全省第 4 名。我有点惊讶，那天晚上高兴得没怎么睡着觉，心里想着自己能去北京大学了——那可曾是我遥不可及的梦想啊！当然，看到全省排名后，我觉得自己算得上是一匹黑马。

如果现在的我对高一的我说"你高考能考上北京大学"，我想，当时的我应该怎么都不会相信。我觉得成功的主要原因就是贯穿始终的自我管理，即成为一个自觉的人。先是要管理好自己的情绪，良好的心态是成功的基石；然后要正确地对待竞争关系，不要让无谓的比较干扰自己的心情；最后要让自己的每一天在生物钟和目标的指引下过得有计划、有规律。

（二）积极调整心态和适应环境

关于心态，我很喜欢这样的一句诗：有心栽花花不开，无心插柳柳成荫。有时候，自己很在意某一件事，但时常事与愿违，开始时期待太多反倒最后失落更大；有时候，自己对某一件事没有抱太多的期待，当那些该做的事情都做了，目标就实现了。这句诗蕴含了宝贵的人生哲理，做事应该保持"无心插柳柳成荫"的心态，努力做好自己的分内之事，不去过多计较结果和得失，这是一个比较超脱的境界。过度紧张和过分在意的心理状态并不利于发挥自身的正常水平，但紧张和在意也并不是坏事。心理学研究表明，适度的紧张有利于自身水平的发挥。以高考为例，没有人敢说自己面对高考一点都不紧张，社会、学校、家庭都会赋予高考很多重含义。高考那几天，爱心送考车、考场外陪考的家长们、警察与警戒线、打铃声、标示牌……人在那样的一个环境下，不紧张是不可能的。我们要做的是，积极调整自己的心态，回归一颗平常心，保持适度的紧张状态。

（三）不掉队，化同辈压力为动力

从小学到初中再到高中，由于一些选拔性考试的存在，竞争的激烈程度是逐渐增加的。不断增加的竞争压力会给人带来不小的心理压力，我们可能会陷入比较和自我迷失的困境之中。我认为，不要去做无谓的比较，每个人都有自己的步伐，暂时的领先并不代表什么，重要的是今天的你是否超越了昨天的你。

与此同时，不断增加的竞争压力还会带来更优秀的同辈。初中时，我们班里有一位女生让我印象尤为深刻，她从五年级直接跳级来念初一，她特别努力，废寝忘食地读书，英语成绩特别好。基本上，每次考试她都是我们的年级第 1 名。在她的带动下，初中那个班的班风也变得越来越好，学习风气也越来越浓。

高中班里的同学之间除了竞争之外，还有合作与分享。我与高中的好朋友之间会互相分享好的学习资料、答题技巧，会探讨未来想去哪所大学、想读什么专业、想成为一个什么样的人等。高中 3 年，我们苦中作乐，培养了深厚的"革命情谊"，并且最后实现了共同进步。

（四）制定短期目标和长期目标，形成良好的生物钟

制定目标是避免虚度光阴的有效手段，但目标又很容易成为一纸空文，没有得到贯彻落实，发挥不了其作用。要让目标成为"真正的目标"，就要结合自身情况随时进行调整。短期目标很容易确定，诸如老师布置的作业、自己在某段时间内要突破某一学科的某个知识板块；长期目标的制定，则需要清楚地了解自己想要什么。

目标像是一个待完成的清单列表，一天之内会有很多要做的事情，如果不好好理顺，这些待完成的事项会变得十分混乱。在理顺要做的事情时，我会从重要和紧急两个维度来进行分类，优先完成那些重要且紧急的事情，诸如薄弱科目的作业。

制定好目标之后，只需要咬定青山不放松。我认为，有效的学习方式就是专注于当下，保持个人的专注力与执行力，将自己的短期目标和长期目标贯彻落实到位。此外，还可以借助外界力量和自我的奖惩机制来监督自己目标达成的情况。

如果说目标是指引你需要完成哪些任务的"引导员"，生物钟则是更为细致的"指挥官"，指引你在一天之内的不同时间段里分别应该做什么事情。良好的生物钟是一天顺利开展的重要基础，涵盖了起床、吃饭、睡觉、运动、预习、复习、背诵、刷题等方面。如今，我还依旧记得自己制作的高考百日冲刺阶段作息表（表1）。

表1 高考百日冲刺阶段作息表

时　　间	内　　容
6：30—7：10	起床、洗漱、吃早餐
7：10—7：40	晨读（语文和英语阅读交替）
7：40—12：00	上课（课间做文综选择题）
12：00—12：30	吃午饭
12：30—13：30	做英语试卷
13：30—14：20	睡午觉、起床
14：20—17：00	上课（课间完成任科老师布置的作业）
17：00—17：30	吃晚饭
17：30—19：00	完成当天作业和语文训练
19：00—21：00	晚自习
21：00—21：30	跑步、散步
21：30—23：30	做数学试卷并修正
23：30—次日00：30	回家洗漱、温习文综

生物钟因人而异，适合我的生物钟并不一定适合你，每个人都会在夜以继日的学习生活中摸索出属于自己的生物钟。在最后冲刺的关键阶段，生物钟应该逐渐被调整至最终考试时的生物钟。高考上午考语文和文综，所以语文和文综的训练集中在早上进行；高考下午考数学和英语，所以数学和英语的训练集中在下午进行。

不同阶段的生物钟也会有所不同。到了高三最后的冲刺阶段，我把更多的精力倾注在语文和文综上，但英语和数学仍是我关注的重点。各科成绩之间的均衡发展是这一阶段的首要目标。但在我刚进入高三时，我发现自己的立体几何学得并不理想，很多大题一点思路都没有，因此那段时间我花了大量的时间专门训练立体几何题。这样的训练维持了一两个月，之后再遇到立体几何题，我基本上都可以拿满分，数学成绩也有了质的飞跃。

无论是短期目标还是长期目标，尽量越具体越好。这样，你会知道自己在不同的时间段里该做什么，也会充满期待地度过每一天。

三、阅读我们的昨天，把握你们的明天

经验是真知灼见之母。借鉴过来人的学习经验，也许你会少走些弯路，找到前行的方向。

（一）语文是生活化的语文

语文是我们的母语，我们时刻都在和语文"打交道"。从成绩上看，个体之间的语文分数差距远不如数学那么大。因此，我们往往对语文这一门学科的重视程度不高。直到中考，我才完全改变了这一看法。考语文时，我没有做完试卷，考完就哭了。我没有做完试卷的原因有两个方面：一是那年的中考题确实有点难，出现了很多新题；二是我对语文的重视程度不够，准备不够充分。上了高中后，我不再抱着"语文是母语""语文不容易拉分"的想法了。我相信，语文是重要的学科，"语文不容易拉分"是因为我的语文成绩不够好。高考成绩揭晓后，我们班前 6 名（也是全省的前 15 名）的语文成绩都在 130 分以上，这在平时的模拟考中是未曾有过的。我没有重蹈中考的覆辙，高考语文考了 133 分。换个角度来看，这也说明了全省排名前列的尖子生的语文成绩都很好，各科成绩也很好。因此，提高对语文的重视程度是学好语文的第一步。

如今，人们强调一个"大语文"的概念，因此做好积累就显得十分重要。我在高中时期就养成了做笔记的习惯，平时在学习过程中遇到有意思、有价值的内容都会记录下来，诸如名言名句、好词好句、古代文化常识、成语意思及辨析、答题技巧、作文素材等。读书破万卷，下笔如有神。要增加阅读量，优质的期刊、书籍、影视作品都是很好的阅读对象。读完之后，还要形成自己的思考和总结，这样

在运用之时才会得心应手。

很多人都会觉得学理科刷题是必要的，而学文科刷题则是多余的，文科主要依靠背诵记忆。但事实真是如此吗？无论理科还是文科，考试做题是存在一定规律的，如果不进行一定量的"题海战术"，那么你很难习得做题的规律和方法。考好语文，做好积累还不够，还得适度刷题。语文试卷中的题目分为客观题和主观题两类。客观题主要包括选择题、默写题和一些答案比较固定的文字题，余下的则都是主观题。高中语文老师改过很多份试卷后发现，经过答题规范训练之后，学生在主观题上失分不多，而在客观题上比较容易失分。在高考备考阶段，老师经常会发成套的语文选择题供学生训练。在长期训练之后，我在几次模拟考试中语文选择题都是全对，就连高考语文的选择题也是全对。客观题的正确率在很大程度上影响了语文考试的最终分数，较高的客观题正确率需要一定量的题目训练。

（二）数学是一个折磨人的"小妖精"

数学这门学科常常被老师赋予了学科之外的含义。高中班主任经常跟我们强调数学对文科生的重要性，即文科生之间拉开差距的主要是数学。因此，很多人都很重视数学，有时甚至是过度重视。学好数学，思维的逻辑性与连贯性十分重要，但这并不是我们短时间内就可以掌握的。面对数学，我们有时会感到无从下手，有时又会感到屡屡受挫。但是，当你解开困扰自己许久的数学题时，成就感会油然而生，就像拨云见日一样。数学就是这样，让人又爱又恨，让人又欣喜又沮丧，好像一个折磨人的"小妖精"。

要想培养思维的逻辑性与连贯性，上课认真听讲和课后采取针对性强的训练十分必要。上课认真听讲是一件老生常谈的事，但我们往往不能百分之百地做到。数学课缺少动人的故事、跌宕起伏的情节、扣人心弦的音符，有时会难以引人入胜，有时会让人在课上走神，甚至打瞌睡。走神或是打瞌睡，往往会让我们错失重要的思维环节，结局通常是我们没有听到上文，也自然听不懂下文了。这是一个恶性循环。上课跟着老师的思路走是培养思维的逻辑性与连贯性的简便方法之一。老师是过来人，对知识的掌握和讲解很有经验。老师讲到哪里，我们就听到哪里、想到哪里，这样的听课更有助于我们对知识框架的理解，打通知识环节中的上下游。知识体系的连贯性对解决综合性强的数学题目十分重要，因为这类题目会涉及多个知识点，各个知识点之间的联系往往是解题的关键所在。

与其他学科不同的是，大规模题海战术对数学成绩提升和数学思维培养的作用是比较有限的，更为有效的方式则是有针对性的训练，即不要过多训练已经熟练掌握的知识点，而要努力突破薄弱环节。在高中阶段，立体几何题、圆锥曲线压轴题、导数压轴题都是我的弱项。我回答大题时经常会在某个地方被难住，导致一整道题目都没有思路，糟糕的时候，一份试卷上的立体几何题我几乎 1 分都没有得到。尽管其他部分学得都不错，考试也不怎么丢分，但我的数学总成绩受到了很大的影响。我下定决心要攻克立体几何题，于是就做有针对性的训练，平时也经常借助纸、笔来培养自己的空间思维能力，以便更直观地理解空间中的垂直与平行的关系。经历了长时间有针对性的训练之后，我发现自己会做立体几何题了，而且我的数学成绩也实现了质的飞跃，数学由此成为我的优势学科。

要学好数学，动手能力也很重要。亲自演算，对题目和知识的理解才会更透彻。我准备了一个笔记本，专门记录自己平时做题中遇到的好题或错题。此外，我还会记录自己从这道好题或错题中学到了什么。它可以是某一类题目的解题技巧，也可以是某一个容易弄混、弄错或者遗忘的知识点。温故而知新，这本笔记本需要时常温习，熟悉自己曾经被困扰和犯错的点，久而久之就会有新的收获。

考好数学，有时也需要一些技巧。数学题分为大题和小题两种：选择题和填空题是小题，解答题是大题。有时候会因为没有对小题足够的重视而丢分，虽然每道小题的分值并不多，一道题 5 分，但是错了两道小题也就相当于错了一道大题，所以我们在面对小题时也不能掉以轻心，要引起足够的重视。同时，小题也不宜大做，有时候小题可以小做，比如用特殊值法可以大大简化计算的过程。考试时间的分配也需要讲究技巧。在数学考试中，如果遇到难题是很正常的，这时不宜在一道难题上耗费太多时间，要学会适当地取舍。我认为，如果一张数学考卷上自己会做的题全都做对了，那么这次数学考试就是成功的。以高考数学试卷为例，我习惯在 40 分钟之内完成选择题和填空题；前三道大题和最后一道大题的难度适中，我会在 40 分钟之内完成；而两道压轴题，我会在 30 分钟之内完成；最后我还会预留 10 分钟进行检查。为了便于高效、准确地检查，我会注重草稿纸的规范书写，这样可以更好地识别和检查答案。

（三）英语学习需要语境

学习外语对每个人来说都是一个挑战，新的语言就意味着新的思维方式。我们要去适应新的思维方式，就需要外语学习的语境。

在我们那个地方，小学三年级才开始正式学习英语，但英语在小学阶段并不受重视，英语师资水平参差不齐，甚至有时还会被语文老师所征用。同学们习惯地把英语当成副科，在课堂上肆意地嬉笑打闹。概括起来，小学阶段我们学习英语单词的状态就是学一个忘一个，英语发音全靠汉语拼音的谐音。

进入初中后，我遇到了一位很好的英语老师，她开始系统地教我们音标、音调、语法。良师总会让学生获益匪浅。在初中英语老师的科学指导下，我逐渐掌握了英语发音和语法规则。到了高中，英语语法变得更加复杂，阅读量和词汇量也不断增加。因此，初中英语的学习方式不再适合高中英语的学习。整个高一的英语考试，我一直都在 100 分徘徊，仿佛陷入了某个瓶颈，分析其原因：一是自己词汇量掌握得不够，阅读英语课文磕磕绊绊；二是自己没有语境意识，不能理解那些灵活和地道的英语表达方式。于是，我便去找初中英语老师，跟她聊了很多关于英语学习的困惑，她给了我很多英语学习上的鼓励和建议。后来，我开始看英文杂志并做英语词句的摘抄，每天按时收听英语新闻，感受原汁原味的英语，还日夜不辍地做英语习题。我的努力在高一最后一次期末考试中取得了成效——我考了134分，那是我高中英语考试成绩第一次上130分。我感到非常欣慰，重新拾回了英语学习的信心。走出一个瓶颈之后，我仿佛又陷入了另一个瓶颈。整个高二和高三上学期，我的英语考试成绩一直在130分徘徊，很难突破140分，但我仍然在做上述练习。到了高三下学期，我做了很多不曾做过的练习，而我的英语成绩终于达到了140分！有一次统考，我还考了145分，那是全年级最高分。高考时，我考了140分。

英语考试成绩从100分到120分，从130分再到140分，每一个分数等级都是一道门槛，想要跨越一级并不是一件易事，需要持之以恒地做好积累工作。词汇是英语学习的基础，掌握课本中的英语单词更是基础的基础，而掌握一些课外词汇也很有必要。我所在的地区和学校没有国际交流的机会，外语学习的环境更多是靠自己去创造。刷题、阅读英语杂志、听英语新闻都是创造英语学习环境的方式，也是积累词汇和培养语感的有效途径。我为英语考试准备了一个笔记本，用来摘抄英语学习中遇到的好词好句、生词的含义。当词汇积累到一定数量后，要学会将泛读和精读相结合，阅读的速度和正确率都会提高不少。有时候，仅从汉语意思的角度是不能真正地理解透一个英语单词的含义，所以我也经常用《牛津高阶英汉双解词典》来查询英语单词的中文释义。

（四）融会贯通的文综

高考文综总分300分，考试时长2.5小时。看起来，文综是一项巨大的"工程"。但在我的心中，文综和理综又有些相通之处，学好、考好文综既离不开理解与记忆，又需要理解与感知。

地理常被称为文综中的理科，正如生物常被称为理综中的文科。自然地理部分涉及很多空间的认知、图形的识别与计算。记得在备考这一部分时，地理老师曾印了10年的高考真题给我们做，每节课也一直在讲题。我们有时候会感到题目有些艰涩难懂、枯燥乏味，但训练过后的成长与进步总是让人充满欣喜。人文地理部分的知识点则十分庞大和琐碎，需要平时不断地练习和积累，而纪录片、《国家地理》杂志等都是丰富个人地理知识的好素材。

有时候，政治考试是充满矛盾的：政治的选择题在文综三科中算是容易的，但大题在文综三科中又是最难的。政治的学习很像玩一场文字游戏，你需要界定各个知识点的概念，还需要构建起一整套完整的知识框架。当试卷考查到某个知识点时，你要能够将其对应到所在的知识框架中。为此，我们与政治老师一起花了很多时间来整理知识点和知识框架。政治考试总是离不开时事政治的考核，因此了解最新的时政新闻对政治学习很有必要。高中时，我们每个星期都会看一期由白岩松主持的《新闻周刊》栏目，了解每周的热点话题，学习评述新闻的角度和方式。

历史是文综三科当中我比较有心理阴影的一门学科，因为每次文综考试，我都会错不少历史选择题。有段时间，每套试卷上我都会错一半的历史选择题，为此我感到十分困扰，也比较惧怕历史选择题。后来，在与历史老师交流时，他向我解释道："历史选择题很注重材料和所学的知识相结合，历史学存在不同的史观，可以从不同的角度切入去分析历史事件，所以有时我们会掉入'先入为主'的怪圈里，你觉得对的不一定是要选的，你觉得不对的恰恰是要选的。"与历史老师交流过后，我愈发注重材料和所学的知识相结合，不断巩固史实，培养自己的历史思维，从政治、经济、文化等不同角度去理解和记忆某一历史事件。

幸运的是，坚持这样的学习方法之后，高考文综是我高中文综考试以来考得最好的一次。我从未想过自己高考的文综成绩能达到260分。

总的来说，各门学科有不同的学习方法、知识体系与答题技巧，但各门学科又有相通之处。因此，学好各门学科需要坚持做好一定题目量的训练和积累。

读书不能把书读"死"了,也不能把自己的视野局限在书本上。要扩大自己的阅读量,活跃自己的思维,把书本知识和生活实际联系起来,做到活学活用,这样才会增加学习的乐趣和动力。

从考试的角度来看,最后比较的是总分。要寻求总分上的优势,各门学科都不能有明显的短板;要做到不偏科,就要做好各门学科之间的时间分配。面对优势学科,不要盲目乐观,每天要定时、定量训练,继续保持优势学科的优势;面对弱势学科,要引起足够的重视,集中力量找到突破弱势学科的方法和策略,让弱势学科不弱。学习要做到脚踏实地,考试则要讲究一定的技巧与策略,每个人在各门学科上都会有各自的考试技巧。

四、不一样的大学体验

回首即将结束的4年燕园生活,北京大学给了我不曾拥有和不曾想象的生活。

(一) 门类齐全的课程体系

北京大学是一所综合性大学,有着各式各样的课程,在这里,你总会发现自己感兴趣的课程。

首先,专业教育是基本。北京大学拥有雄厚的师资力量和与国际接轨的教育理念,很多专业都位居全国前列。以我所在的经济与管理学部为例,数学课在低年级的课程表中占了不小的比重,也为后续的经济学理论研究奠定了理论基础。进入大三后,专业分流,我选择了经济学类下设的风险管理与保险学专业,进行了更为系统的专业学习。在这段时间里,各种专业课层出不穷,诸如风险管理学、金融风险管理、社会保险、保险精算等。进入高年级后,每个人会选择不同的专业,每个专业的人数又不会太多。这样,学生与老师交流和认识机会也会更多。我做过老师的助理研究员，这不仅很好地巩固和丰富了自己的专业知识，也增进了与导师的联系与交流。

其次，北京大学这些年都在大力推行本科阶段的通识教育，而元培学院更是北京大学通识教育的代表。通识教育不是要求学生什么都学一点，什么都懂一些，而是强调学科之间的交叉与融汇。元培学院的通识课程体系分人文类、自然科学类、社科类、艺术类，每一类都需要选修对应的课程，这些课程都是各个院系的优质专业课或通选课。我选过北京大学历史系开设的中国古代政治与文化和中国传统官僚政治制度两门课程。这两门课程都备受北大学子的好评，也让我目睹了阎步克教授的儒雅风范。除了通识课、通选课之外，北京大学还有很多有趣的公选课。其中，公共日语课算是我在大学里最喜欢的课程之一。在日语课上，日语老师会从语言学的角度解释很多关于日本社会的小知识，这种全新看问题的视角让我感到耳目一新。日语老师也会创造很多机会让我们去说日语，使我们真正做到学以致用，诸如日语版的你画我猜、改编会话、给日本影视作品配音、小剧场等。日语课的课堂氛围十分活跃，每节课都充满了欢乐。这种我未曾接触过的外语教学方式让我对日语学习的兴趣增加了不少。在日语课程结束之后，我仍在继续学习日语，在大学期间顺利考过了日本语能力测试N2，想来这也算是我大学的成就之一吧！

（二）丰富多彩的课外活动

北京大学的招生宣传片曾提到，校园里有丰富的国际交流机会，这是我高中时期向往的事情。然而在上大学之前，我从来没有出过境，就连省也没有出过。我从小看了很多书和纪录片，被韩国、日本、新加坡等异国风情深深吸引，因此国际交流也成为我上北京大学最想完成的事项之一。

来到北京大学的第一年，它就向我展示了它的国际化。一年一度的国际文化交流节、海外科研活动、短期境外实践与访学项目……各种国际交流机会不胜枚举。第一次看到国际合作部以及学院教务网站上不断更新的国际学习项目时，我竟觉得有些眼花缭乱，不知道该如何选择。

我是一个"台湾迷"。作为一名"90后"，我的成长多多少少受到台湾文化的影响，小到喜欢的歌曲、歌手，大到喜欢的电视剧、电影。大学期间，我听过林毅夫教授关于台湾和大陆经济发展对比的讲座，对前者的经济发展充满了好奇。我从小在山区长大，山区里的人天生就对大海充满了向往之情。在种种因素的作用之下，台湾地区的交流项目成为我的首选。

我幸运地通过选拔，得以参加了台湾师范大学联合多所大陆院校举办的"孔子行脚"活动，在2017年的夏天到台湾花莲的一所中学支教。参加国际交流项目，对拓展书本上知识的作用并不大，更多的是拓宽个人的视野，了解更多的文化，认识不同背景的人。正所谓，读万卷书，行万里路。

在支教的两个星期里，我吃过夜市里地道的小吃，看过湛蓝清澈的大海，望过阵阵徐来的海风和乡镇便利店门口的霓虹灯，这些都构成了我那个夏天灿烂的回忆。记得在台湾师范大学的行前培训会上，有位老师对我们说："在支教的过程中，我们不只是教育者，也是受教育者。"支教之余，我从这一趟旅程中学到了很多。台湾是珍珠奶茶的发源地，我们来到这里自然得品一品地道的珍珠奶茶。平时我们喝完珍珠奶茶之后会很自然地就把它随手扔进垃圾桶里，但当同组的台湾小伙伴向我们展示如何对使用完的珍珠奶茶杯进行垃圾分类处理时，我震惊了，原来垃圾分类可以做到这么细致。在花莲的那所中学里，学生都会在学校吃午饭，然后午休，午饭由校方提供。每个学生都会自备饭盒和餐具，同组的台湾小伙伴没有自带饭盒，但是自备了餐具。我问他们这样做的原因，他们说这样做既是为了个人健康，也是为了环保，不使用一次性餐具和饭盒。当地人的环保意识令我印象十分深刻，他们对我的日常行为也产生了潜移默化的影响。从台湾回来之后，我也养成了自备餐具的好习惯。

(三) 下一站，社会

本科毕业之后，我面临着三种选择：出国留学、国内升学和就业。每种选择都意味着不同的发展路径，需要付出不一样的努力。经过再三斟酌后，我打算本科毕业后就工作。各个院系会有所不同，但总的来说，每年北京大学的本科毕业生中约有 70%~80% 会继续深造。在北京大学，要做出本科毕业就工作的决定并不容易，因为在很多人眼中，这是一个少数群体，它会被自然地分为两类：一类是很厉害的本科生拿到了很好的工作机会，另一类是升学失败的本科生被迫去找工作。而我不属于这两类，而是一开始就打算本科毕业后找工作。在北京大学，只要你想本科毕业后就业，还是可以找到很多渠道和资源来助力个人的职业发展。

我报名参加了由北京大学学生就业指导服务中心举办的"心手计划"，由本校的校友担任职业导师。在那里，我还认识了很多高年级的学长、学姐，了解到不同的职业发展方向，做了很多行业调研，并确定了咨询行业是我的职业方向。在那里，我学会了怎么制作简历，怎么准备单面和群面。

实习对找工作的重要性不言而喻，但第一次找实习单位还是困难重重。在北京，我没有任何人脉和资源，那时的我懵懵懂懂，只有海投。海投之后，我总算拿到了一家创业公司的实习机会，但实习内容总是在机械性地重复，缺乏相关的专业性指导，而且当时课业压力也着实不小，所以我做了两个星期就没有再继续了。我找实习单位是为了学习实操性知识，提升自己的职场竞争力，但第一份实习好像违背了我找实习单位的初衷。

我是一个内向的人，但在职业发展的道路上，内向是行不通的。我开始学会走出自己的社交舒适圈，去北京大学学生就业指导服务中心官网上预约职业咨询，并找到对应的老师聊一聊职业规划。每次交流后，我都感觉自己心中的路径更清晰了一些。一次与学姐的谈话更是让我醍醐灌顶，原来找实习单位最好的方式是"networking"，而校友就是最好的资源。吸取之前的经验和教训,我把课表上的课程集中安排在 2 天内,将另外 3 天空出来去实习。周末,我会继续学习落下的课程,并消化和理解实习的内容,努力做到在保障课程学习质量的前提下认真完成实习任务。我还联系了很多学长、学姐,他们给了我很多关于简历修改和面试技巧方面的建议。终于,在大三上学期,我陆续获得了一些不错的实习机会,在一家外资商业银行和一家咨询公司实习。在那里,我得到了规范的职业指导与培训,结识了很多实习的伙伴和公司的前辈。暑假里,我凭借之前的积累与努力,有幸拿到了香港某家公司暑期实习的机会,在那里度过了为期两个月的实习生活。大四时,我参加了校园秋季招聘的活动,获得了一份不错的工作机会。我的职业生涯即将开启,我的内心充满了希冀和期待,未来职业发展的故事未完待续。

北京大学为每一位学子提供了广阔的舞台和无限的可能性。我再次想到北京大学招生宣传片里的一句话:"你的北京大学,等你来体验!"

 随笔感悟

北京大学,总是被人冠以很多华丽的头衔。有时回想起来,我觉得自己能考上这所高等学府着实挺不可思议的,但这其实也在"意料之中"。<u>成功总是努力和幸运的结合,越努力越幸运。能考上北京大学,离不开父母从小对我教育的重视和引导,离不开自己 12 年来的坚持与努力,离不开自己对各门学科学习的探索与发现。</u>进入北京大学后,我看到自己过去 18 年里未曾看到的世界,还登上了一个崭新的平台,拥抱着各种各样的可能性,不断地认识自我与发现自我。我希望自己的经历能为每位读者播下一颗希望的种子,希望大家用努力与坚持去迎接属于你们的大学时光。

雷馨雨

阳光洒满未名湖

毕业院校：山西省左权中学
录取院系：北京大学城市与环境学院
高考成绩：640分，左权县第1名（理科，2018年）

看到征稿启事后，我毫不犹豫地选择了投稿。一是出版自己的文字可能是每个人小时候都有过的愿望。二是自己也想沉下心来梳理一下这些年发生的事，遇到的人、经历的坎，或许多年以后这是一份很珍贵的回忆。三是我希望能给予如今的高中生一些帮助，让他们更加顺利地度过高中时代，并拥有美好的高中生活。

我来自山西省晋中市，凭借着国家专项计划来到北京大学，没有什么拿得出手的奖项，没有上过大名鼎鼎的中学，也没有亮眼的高考成绩。在进入北京大学校园之前我"顺风顺水"，因为在一个教育资源相对稀缺的国家级贫困县，学习上的竞争压力很小。我从小没有上过补习班，童年都是在各种游戏中度过的，高中生活相对一些知名学校来说轻松许多。然而，当我来到这个梦寐以求的北京大学时，认识了许多非常优秀的人，我花了很长时间来给自己做心理建设。事实上，我一度不愿意提起自己是以国家专项计划的录取方式进入北京大学的，不愿意提起自己曾经引以为傲的高考成绩，我总觉得这是一个实力不够强的标签。我相信每个人都有过这样的时候，明明知道这种心理是错误的，不应该这样，但是仍然没有办法摆脱。足足 2 年的时光，我才转变过来，开始正视自己、相信自己，坦然地面对自己过去的不足，讲述看起来"平平无奇"的过去，并怀着积极乐观、永不言弃的心态继续前行。

一、扶正小树的第一双手

在我的眼里，我的父母是互相配合、能展现完美教育方式的一对儿。我的母亲是一个心思细腻又温柔的人，父亲积极乐观，他们给了我一个幸福温暖的家庭。如果说我是一棵向阳生长的小树，家庭教育就是扶正小树生长的第一双手。

（一）母亲的教育经：100分和99分的区别

母亲是一名小学语文老师，我是在母亲任教的学校读的小学，数学老师和母亲是很好的朋友，每次数学老师批完作业或者考试试卷，母亲总是可以第一时间获知我的成绩和全班的考试情况。

小学的考试试题比较简单，每次都有很多同学考100分，而我总是粗心大意，不认真审题，常常只读了题目的开头就想当然地答题，根本不按照要求作答，结果就经常犯错，漂亮的100分基本不属于我。每当这个时候，母亲就开始教育我："你知道100分和99分的区别吗？千万别以为你只是粗心大意，千万别以为你什么都会，其实你比人家差远了！"小时候的我逐渐相信了这个100分与99分的差别理论。从此，我开始逐渐养成认真做好每一道题的好习惯。

上了高中，我才认识到认真做好每一道题的重要性。平时做错一道题可能只是一次考试成绩不理想，但高考的时候错一道题很可能就与心仪的学校失之交臂，甚至在将来的工作岗位上，可能一个小错误就带来一场巨大的灾难。能够认真做好每一道题是一种能力，认真细致是一种珍贵的品质，我很感谢母亲从小就让我认识到了这个品质的重要性。

（二）母亲的"名言"：人人都可能是第1名，为什么不能是你呢？

初二时，我的成绩很差，不仅在学校排不上名号，甚至在班里也排不到前10名。这个时候母亲开始教育我："因为一点点小困难就不好好学习了？以后难的题还多着呢！人人都可能是第1名，为什么不能是你呢？"母亲的话给了我当头一棒，我陡然清醒：对啊，人人都可能是第1名，为什么不能是我呢？从此以后，我开始认真起来，把所有要考的知识点在纸上抄一遍，认认真真地研究这些题的来龙去脉。这样做的效果是显著的，从初三开始，渐渐夺回了第1名的宝座，直到中考时，我都是县里第1名。

正是靠着这股不放弃、努力钻研的劲头，我的高中生活过得十分充实。我并不赞同有些指导高考的辅导资料上指出：要认清楚自己的实力，不要过多钻研难题，要复习好简单题。这样相当于通过别人的失误来提升自己的名次，是很可悲的。我始终认为钻研一些有挑战性的题目才能拓宽自己的思路，提高自己。否则对别人而言，高考的满分是 750 分；而放弃了难题，对你而言，高考的满分就只有 650 分了。这难道不是一种对自己的不公平吗？正是母亲帮助我建立了这种对待难题的态度，凡事尽可能做到最好，攻坚克难，迎难而上。"人人都可能是第 1 名，为什么不能是你呢？"母亲的这句"名言"伴随我走完了高中，我顺利地拿到了全县第 1 名的高考成绩，并成功地凭借国家专项计划踏入了北京大学的校园。

（三）父亲的理念：相信自己一定行

我的父亲是一名普通的公务员，每天的工作非常忙碌，但是他仍然抽出时间，每天接送我上学、放学。这件事情在我高考完以后一直被父亲拿出来向母亲炫耀："你看，你娃娃高考能考这么好全靠我每天接送，这里面有我很大一份功劳呢！"父亲总能从小事中找到成就感和优越感。

父亲给我最大的财富就是这种积极乐观的精神。上了大学以后，我经常打电话回家和父亲说自己特别笨，学习不得力。父亲总会不以为然地说："我娃娃最聪明了，遗传了我的优良基因，谁能比得过我娃娃！"一开始听到这些话时我很气恼，甚至觉得父亲根本不理解我的心情，但后来每次有挫败感时我就会打电话回家，听听父亲的鼓励，重新拾起希望。

我想对现在心存挫败感的同学们说："多给自己打打气，找到自己值得骄傲的地方。这能使自己变得自信乐观。"我很感谢父亲将父爱化为一股的力量，一直引领我前行。

二、励志也要会耍"小聪明"

说到励志，大家可能更愿意将它和"刻苦"这个词联系在一起。我曾经上网搜索关于高中生的励志故事，这些故事都很感人肺腑。有的人说："从来没有在深夜 2 点前睡过觉，躺在床上还拿着小本本背英语单词，一直到迷迷糊糊地睡着。"有的人说："每天的睡眠时间不足 5 小时，每天喝四五包咖啡才足够支撑一天的精力。"还有的人说："晚上 12 点躺在床上感觉很不踏实，于是起床继续学到深夜 1 点，还是不踏实，又继续学到凌晨 3 点。"看了这些故事，我有些手足无措，因为我好像没有所谓的"刻苦学习"过。我保持着每天晚上 11 点睡觉，早上 6 点起床，中午 1 小时的午休习惯，每天的睡眠时间达到 7 小时，每到周末更是会放松一下紧绷的神经，一觉睡到早上 10 点才起床。听起来，这似乎是一个既舒适又懒散的高中生活。但是，大家不妨沉下心来仔细想想，所谓的励志，真的等同于不顾一切地"刻苦"吗？励志的实现真的非"刻苦"不可吗？

我给出的答案是否定的。我查了"励志"这个词语的释义：奋发志气，把精力集中在某方面。因此，我理解的励志是尽力做好某一件事，朝着目标不断前进。励志并非蛮横地刻苦到摧残身体、迫害健康，也并不代表着一定要经受痛苦才能成功。我想讲一讲我"另类"的励志故事。

我理解的励志，是尽力使自己保持常态，保持正常的生活，保持健康的身体，保持良好的精神状态，并在此基础上抓紧时间努力学习。我是怎样利用时间的呢？一是上学、放学的路上，我会随身带一堆小卡片，卡片上都是我自己总结的各门功课的知识点。坐在父亲的车上，我利用这些小卡片进行复习。二是利用午休前的课间时间背单词。我用平板计算机下载一些背英语单词的软件，轻轻松松背英语单词。三是提前整理好书包，节省通勤时间。我会利用课间时间整理好回家要带的东西，放学之后第一个冲出教室。高中的时候，好多家长都会来学校门口接孩子回家，这就导致校门口经常堵车。早出校门，我可以节省 40 分钟左右的时间。这样零零碎碎的时间算下来，我竟然能每天挤出将近 2 小时用来学习！而在高中，2 小时就等于一套数学试卷或者英语试卷的做题时间。所以我晚上 11 点睡觉与别人深夜 1 点睡觉竟然是等效的。再进一步讲，充足的睡眠使我远离瞌睡，减少了买咖啡、冲咖啡、喝咖啡的时间；良好的作息习惯保证了我的身体健康，降低了患病的概率。如此良性循环，好处多多。

综上，保持健康的身体，抓紧一切可以利用的时间来学习，这就是我的学习时间分配经验。

三、兼听则明，干货共享

我相信每个人都有适合自己的学习方法，所以这里就不再推荐具体的学习方法了，我想向大家分享一些好的学习习惯，因为好的学习习惯能造福人的一生。以下这些学习习惯既有我在学习中慢慢总结归纳出来的，也有闲聊的时候和身边的朋友交流总结出来的，我希望它们能对大家有所帮助。

（一）犯过的错决不再犯，多总结归纳

很多同学都会犯重错，如何解决这个问题呢？我用过的比较好的办法是准备错题本，将错过的题记录下来随时随地翻阅，记录错题的时候是有技巧的，要做到以下几点。

第一，筛选。不是所有的错题都值得记录，比如某些题是由于个人笔误而做错的，只需要在错题本的首页总结原因即可，下次做题的时候要认真看清楚题干的每个字眼，真正需要记录的错题是由于思路上的错误而做错的。

第二，分门别类。越是临近高考，所积累的错题就越多，按照不同类型的错题来分类，就如同书籍目录的作用，能让人清晰地看出整个错题本的脉络，使我们复习起来事半功倍。

第三，及时复习。只积累而不复习无异于做无用功，我会在每次考试之前将错题本浏览一遍。一开始，我将所有错题都看一遍耗费的时间是很多的，但后来熟悉了每一道错题，就看得很快了，甚至有些错题只看一眼就明白了，不用再细看了。即使到后来熟悉了每一道错题之后，我也会全部浏览一遍，因为浏览的工作量很小，如果我不及时复习，一旦忘记了这些错题之后就需要重新回忆，这个工作量是很大的。

经历了这三个过程，错题本的作用就能真正得到发挥了。记录错题的习惯帮助我不再犯重错，效果很不错。

（二）用心大于努力，切忌"假努力"

用心是学习的关键，也是最不容易做到的一点。好多同学都知道学习的重要性，都会花大把时间去学习，但学习的时候没有办法集中全部的注意力，即使在书桌前坐了很久，效率也不高。这样的努力只能叫作"假努力"，而不能算作真正地用心学习。

用心是真正地投入学习中，细细地思索，找到每一个细节之间的联系，最终破解其中的玄机。有没有真正地学到东西，有没有真正地得到提高，只有自己知道。因此，一定要学会自我监督，每次开始学习之前给自己定一个小目标，再定一个完成这个目标所需要的时间，拒绝不用心的、没有效率的"假努力"。

（三）焦躁是最大的敌人，做事需要平心静气

上高中后，每门功课都会有好多任务需要做，课前预习、课后复习、各种各样的练习册、五花八门的学习资料……面对这些无穷无尽的任务，不少同学难免会产生焦躁的情绪，而当这种焦躁的情绪存在的时候是很难做好事情的。如：当你写数学题的时候，会烦恼还有几篇优秀作文没有看过；当你在背诵高中必背课文60篇的时候，会担

心上一份理综试卷的答案还没有对完；当你在写理综题的时候，会焦虑英语的练习题还没有写完……最终你会发现，在焦躁的时候，积压的任务反而越来越多。我解决这个问题的方法有两种：一是认识到自己有焦躁的毛病。毕竟最可怕的是对自己的问题浑然不知，任由焦躁的情绪降低效率。我认识到自己的这个毛病全靠母亲的一句话点醒："别自乱阵脚，做事情需要一件一件慢慢来。"二是制订计划，把所有需要做的事情分出轻重缓急，重要的事情优先去做，做这一门功课的时候就把其他的功课全部放下，等做完以后再去想其他事情。

无论有多少的任务需要去做，一定要保持一颗平常心。做事情之前先做好计划，戒除焦躁，一步一个脚印，化大为小，化繁为简，相信自己可以做到。

（四）保持自己的学习节奏，不被别人带跑偏

每个人都有着自己的学习节奏，对于数学，我不喜欢看很多的讲解，只喜欢见识各类题目，从而摸清学习方向，所以我会选择一些题作为教辅资料；对于化学，知识点比较琐碎，只看课本远远不够，我就会选择一些归纳知识点的教辅资料，课前预习，课后回顾，从而进行记忆；对于物理，老师已经布置了很多作业，我就会减少自己用在物理上的时间……这都是我自己的学习节奏。我的一位高中同学，他每次都会在第一时间获取最新信息，诸如某位同学新买了哪一种练习册，学校准备推荐大家用什么资料，等等。然后他会第一时间跟风买题，又花费大量的时间跟随别人的脚步，以致丧失了自己原有的学习节奏。虽然他的学习资料是全班最齐全的，但是他没有认真练习过其中任何一本，甚至有些资料都没有打开过，对大部分问题的理解都只是皮毛，所以一到考试就栽跟头。老师告诫他：做题要认真细致，而不是草草了事，但他的个人习惯很难改掉，最终他的成绩也并不理想。我想个中原因在于他没有积极寻找自己的学习节奏，而是盲目地跟从别人的学习节奏。因此，只有找到适合自己的学习节奏，才能事半功倍。

（五）迅速将计划落实到行动，拒绝拖延症

很多同学经常做计划，但是计划不落实到行动上就等于开空头支票，没有任何用处。有句老话说得好："有志者立长志，无志者常立志。"其中蕴含的意思就是不能光制订计划而不去实施，计划应该迅速落实到行动上去，应该像有志者一样制订一个长远的计划，然后马上付诸行动，不能像无志者一样，不断地立志又不断弃志，最终变得碌碌无为。因此，有志者和无志者本质的差别在于开始行动的能力。

解决拖延症最好的办法就是严格将计划落实到行动上去，既可以找同学互相监督，又可以找老师、家长定期检查。当然，最重要的还是靠自己主动去执行计划。

四、我的青春时代

（一）心理建设：认清自己

我至今仍然记忆犹新，大一刚开学的时候，大家参加新生训练营，在做自我介绍时，有很多同学会说："我的名字是×××，主要事迹可以自行百度哟！"我听完之后内心生出一缕波澜，因为我没有什么拿得出来的奖项，也没有什么值得炫耀的技能，学习成绩更是不值一提。后来，我又经历了英语分级考试，考试试题很难，题量还很大，拿到试题后我既紧张又头大，伴随着这种紧张的情绪，根本看不进去那一堆"蝌蚪文"，到最后大概只做了一半的题。考完以后，我很诧异地问了身边的一位同学："你做完了吗？"同学又回我一个诧异的眼神，说："做完了呀！"我的内心感到巨大的落差，结果毫无意外，我被分到了最差的一级。

这些打击让我的心情低落了很久，我瞬间感觉自己一无是处。如果有一个人在某一方面比你强，这并不可怕，可怕的是，他方方面面

都比你强，更让人忧虑是，身边的大部分人方方面面都比你强。这是一种深深的、不能望其项背的无力感。这时，令我深受启发的是一部国产动画片《哪吒传奇》中的一个片段：

哪吒在被石矶娘娘骗入弱水河后，被弱水封印了体内的所有功力，他既难过又沮丧，伤心地对太乙真人说："我和废人有什么区别？我连一块石头都搬不起来！"然而这时太乙真人摸着哪吒的头说："你看山那边的两棵树，你知道哪棵是10年的大树，哪棵是半年的小树吗？"哪吒回答说："粗的是10年的大树，细的是半年的小树。"太乙真人又问："你知道哪棵树用来盖房子，哪棵树用来做柴火吗？"哪吒豁然开朗——不同的树用途不同，人也要认清楚自己的位置。面对打击，面对压力，重要的是认清楚自己的位置。房子要有，但是没有柴火也不行，不管是10年的大树还是半年的小树，它们都有自己的用处，都有自己该干的事情。我在这个能力很强的大集体中，只是普普通通的一员，当认清楚自己的位置时，我的世界就明朗起来了。

后来，在与好朋友的聊天中，我才慢慢知道，不仅仅是我一个人面临这个问题，很多来到北京大学的同学都有相同的感受。其实细细想来，每个人都需要做好这样的心理建设，只是需要的时间不同。有些人或许在小学、初中就受到不同程度的打击，然后完成了认清自我这一过程，从而坦然地面对现实；但是有些人的学习生涯一直顺风顺水，一直到步入社会他们才慢慢认清自己。因此，我很感谢北京大学，是它让我的心理变得更加强大。

（二）永远乐观，永不放弃

在慢慢认清楚自己的位置之后，我同时拥有了一种乐观的、永不放弃的心态，因为放弃就等于辜负了北京大学，辜负了这么多的成长经历。去年秋天，我们学院举办了一场关于暑期实践团的优秀个人和优秀团队的答辩评优活动，我在第一轮筛选时就被淘汰了。我很难过，也很不服输，为了这次答辩我做了很长时间的准备。在答辩的前几天，我几乎每天熬夜写稿子。幸运的是，一个偶然的机会，我以旁观者的身份参加了第一轮的预排练，看到了大家的风采，认识到了自己的不足。我突然有了一个大胆的想法：或许我还可以再争取一下，取大家之长，补自己之短。于是，我请求老师再给我一次机会："老师，看了大家的答辩以后，我真的感觉获益良多，现在最终的名单还没有定下来，想请您再给我一次机会，让我再试一试，可以吗？"老师很和蔼，欣然应允了我的请求。

经过不懈的努力，我终于走上了最终答辩的讲台，面对大一的学弟、学妹，讲出了自己的收获和心得。我为自己不抛弃、不放弃的行为而感到骄傲，这段回忆值得我珍藏一生，因为这是我第一次迈出舒适圈，不断地挑战自己的极限。我希望带给大家一个启示：事情还没有尘埃落定之前，请别放弃，放手一搏，成功总是留给不轻言放弃、努力争取的人。

（三）方向不对，做得越多离目标越远

大学的专业选择很重要，不得不说，大一转专业对我来说是一个正确的决定。我花了很多工夫才从政府管理学院转到城市与环境学院，将专业换成人文地理与城乡规划。面对知识的海洋，很难有人一开始就认定自己将来要朝着哪个方向发展。于是，有的人随波逐流，追逐现在的热门专业；有的人随遇而安，服从调剂，在调剂后的专业中，学着自己不喜欢的知识。而我不愿意做自己不喜欢的事情，并始终相信兴趣是最好的老师。

做出转专业的决定是很艰难的，我需要了解很多目标专业的培养计划、跨院系选课的难易程度、失败的风险等。这对于一个刚进入大学，还有很多地方需要慢慢适应的大一新生来说是很困难的。我记得当时自己请教了很多转过专业的学长、学姐，找了很多学院在官网上发布的信息。跨院系选课需要面临的最大问题是在第一轮选课的时候没有选课权限，所以需要一步步地把目标院系的课程从选课计划中添加到预选中，再一遍遍地手动排好课表；而对于不用转专业的普通大一新生来说，根据校教务处给出的培养计划就可以大致确定课表内容，无须花费很多精力在排课之上。排课表时还存在风险，因为如果在大一上学期就开始学习目标院系的课程，那么意味着原专业的课程一门都没法修，一旦转专业失败，就面临着毕不了业的风险，所以我的内心也是十分纠结的。

幸运的是，我的努力没有白费。我不仅成功转了专业，而且在之后的学习中更加热爱现在的专业。因为地理学帮助我更加清楚地认识了这个世界。我也很庆幸自己在大二的时候选择了经济学双学位，经济学可以帮助我更加清楚地了解社会运转的机制，也让我多了一个看世界的视角。

2014年，习近平总书记在北京大学师生座谈会上说："人生的扣子从一开始就要扣好。"青年学生要从一开始就选好自己喜欢的方向，否则，即使做了再多的努力也只会偏离目标更远。

（四）与优秀的人一起努力、一起进步

正如经济学中所讲的"集聚经济效应"一样，北京大学为大家提供了一个与优秀的人一起交流合作、一起进步的机会，这里充满着积极进取的氛围。我慢慢地迷恋上了这种和优秀的人相处的模式，迷恋上了被身边的人的光环所照亮的感觉。

我的好朋友，也是我十分佩服的一个人。他不仅拥有极高的智商和情商，还拥有近乎完美的人格。他极其自律，会为自己定下一系列目标，安排好自己的时间，计划很长远的事情，并且从不拖延，按时完成计划，不论是学习上还是生活上都是如此。他的学习能力十分惊人，当别人提出好方法和好建议的时候，他总是能够第一时间吸取。我记得暑假我们一起出去调研的时候，学长为我们推送了一些关于说话技巧的文章，比如说可以把"听明白了没有"换成"我讲清楚了没有"，再比如把"我不喜欢这样做"换成"我更喜欢那样做"。这些小小的改变，表达着同样的意思，却能达到更好的效果，给听的人带来完全不一样的感受，对我们的调研是大有裨益的。一个人的说话

习惯很难改变，我和他闲聊时，吃惊地发现，他真的在讲"我不知道自己有没有表达清楚"等类似的话。我这才发现他已经把这些良好的交流方式变成了自己说话的习惯。我在自愧不如的同时，决心向他学习，积极弥补自己的缺点，尽力不放过每一个提升自己的细节。我们在课程学习和暑期实践中有过多次合作，每次合作他都积极主动承担责任，一旦团队里有什么任务，他都会第一时间站出来计划、组织、讨论。与他合作时，完全不用担心会遇到"三个和尚没水吃"的境况，所以我们的每次合作都非常愉快、顺利。

此外，我身边的好多人都是如此，他们拥有我眼中的完美人格，都是足够优秀的人。我很感谢北京大学，在这里我遇到了很多能够与自己心意相通的人，我们互相理解、互相尊重、互相学习。我很喜欢这种融洽、包容的相处方式。

(五) 未来的职业规划

对于一个大二的学生来说，谈及未来的职业规划还为时尚早，但是我很想畅想一下未来，多年以后回首往事时，可以看看自己的愿望是不是一一实现了，这是件很有意义的事情。我很想做一名城市规划师，用自己的力量设计一座既美丽又舒适的城市。

一个城市的可持续发展既关于人民的幸福感和满意度，又关乎国家未来的发展。然而，目前城市研究还很不成熟，在城市规划方面也存在着各种问题，尤其是未能协调各方面的利益关系，无法充分调动各方面的积极性。如何趋利避害，如何尽可能地促进效率与公平并存是城市规划师的首要责任。我对城市规划充满热情，对亲手规划一座城市，帮助一座城市健康、合理地发展充满激情。我相信每个人都有着向往的生活，城市发展的目标就是不断满足人民对美好生活的向往。我想为大家完成这份期待。

我想，这也是作为一个"北大人"的使命和担当，从来没有一所学校与自己国家和民族的命运如此息息相关；作为一个"北大人"，我们有必要用自己的毕生所学为更多的人创造幸福，有必要为国家谋发展，为人民谋幸福。

五、写在结尾

这篇文章的题目我思考了很久，想要表达的意思很多。一是我希望每个人努力上进的路都是充满阳光的。二是北京大学本身就是一个充满阳光的地方，这里既热情奔放又兼容并包，像极了热情似火、普照大地的阳光。最后，我希望每个人都朝着更远的前方前行！

实践是最好的老师，只看别人的经历是远远不够的，要想更好地成长，需要自己一步一步地慢慢经历、慢慢体悟，而能力的成长和心理的成长是相辅相成的。当你发现掌握的知识越来越多，所见所闻越来越丰富的时候，就会发现自己的内心也变得强大起来；而当你拥有积极向上的心态时，就会发现自己前进的步伐也越来越快。祝愿每个人都可以不忘初心，成就更好的自己。

随笔感悟

> 本文是一篇关于学习经验的介绍，旨在为不断奋进的人提供一些帮助和借鉴。<u>每个人都有自己不同的际遇，希望大家能有所收获，也希望大家能在自己的成长过程中，踏实地走好每一步。</u>

刘梦茹

从城镇乡野
到博雅未名

毕业院校：山东省平度第一中学
录取院系：北京大学光华管理学院
高考成绩：706 分，平度市第 1 名（理科，2015 年）

2015年，我进入北京大学。这既是一段成长的终点，也是另一段旅程的起点。然而，比这样一个节点更重要的是，此前10多年的积蓄与铺垫，以及由此开启的、对未来的规划与憧憬。

一、心如花木，向阳而生

我来自一个普通的农村家庭，幼儿园、小学、初中都在镇上的学校就读，没有参加过课外辅导，也没有其他特长。虽然当时的高中生活相对简单，我却度过了一段快乐的学习时光。我一直将学习视为一件我喜欢去做也能够做好的事情，甚至当作最大的爱好。这份热爱伴随着我从小学到高中的整个学习生涯，也奠定了10多年学习的基调。

也许，正是因为有了正视学习的态度，我才有了第二个从小培养起来的习惯——专心。小学时，我正处于活泼好动的阶段，家人对我四处玩耍并不制止，也没有将玩乐放在学习的对立面，经常教导我学时专心学，玩时专心玩。因此，我在玩的时候就将课业统统抛到九霄云外，尽情地释放天性；而在学习的时候，无论是电视正播放到关键之处，还是游戏正进行到激烈时刻，或是周围的欢声笑语、唉声叹气，都不会影响我，我只是专注于自己的学习。我不喜欢在学习的时候听音乐或者做其他事情，学习对我而言是一件需要全身心投入才能做好的事情。无论是在学校还是在家，无论是上课还是自习，我都是标准坐姿、目光专注。现在想起来，我在少年时对自己的严格要求与当时的年纪似乎有些不符，偶尔会感慨持续至今不戴眼镜的好视力就是得益于从小学习正确的姿势与端正的态度，也会想起那时家人经常给我讲毛主席故意选择闹市读书的例子。

小学时，我不仅学到了不少知识，也收获了不少教训。母亲至今仍时常拿来打趣的，便是我小学一年级一次考试时，把正确的答案写到了下一题中，而下一题直接被我忽略了，结果试卷上为数不多的失分就这样产生了，这着实让人哭笑不得。我漫不经心地说那次失误只是粗心而已，但母亲从未让这两个字留在我的字典中，她严肃地说："粗心就是源于你学得还不够扎实，做得还不够好。"我接受了母亲的建议，从那时开始变得越来越细致。母亲还教我一个秘诀——举一反三。那时候，数学试卷上的压轴题一直是我的痛点，母亲就每天和我一起学一道小学奥数题，并且举一反三，在母亲循序渐进的引导下，我慢慢培养了自己的数学思维和解题思路。坚持了数月后，果然成效卓著。此后，无论是小学数学还是初中物理，我都可以自己独立做题。

有了从小学时培养起来的认真的学习态度和良好的学习习惯，面对初中学习任务量的骤增，我也能从容应对，而真正属于自己的学习方法也正是在这一时期培养起来的，其中较为重要的一点就是在记忆的基础上理解所学的知识点。初中的知识虽然比小学的知识在难度上提高了一个层次，但仍是以打基础为主，真正考验智力与能力的只是其中一小部分。背诵就是一个很重要的学习方法。虽然我没有达到过目不忘的程度，但在老师悉心讲解、自己仔细琢磨并熟读了一两遍后，我就能准确熟记课文内容，从语文每篇课文的注释，到英语的人名和地名，再到生物每个实验的过程，我都能熟记于心。背诵并不是死记，而是从理解出发最终再回到理解。大量记忆带来的效果极具系统性和整体性，即使是再难懂的知识点在熟读多遍并结合前后文内容的基础上也能吃透一半。此外，初中学习还要借助老师一直强调的课前预习、课上学习、课后复习三个环节。课前预习时，我会借助辅导书籍，提前把下一课的内容在课本上标记出来，诸如体系结构、问题回答等，甚至会在老师的鼓励下给同学们讲新课。时间不太充足时，我课前预习的内容会有所侧重，但课前预习这一环节从未遗漏。在课前预习的基础上，我将学习从被动接受变成自主钻研，将课堂的讲授变成复习和答疑。在这样一套学习方案下，我的学习主动而充实，基础知识也得到了巩固。

初中时,我一直将自己视为最大的竞争对手。我曾将七门课的总体失分缩小到 30 分,还曾利用一周的课余时间做完了一整本物理升学指导训练。那时的我就像一株小苗,慢慢地积蓄力量,只为最后那一刻拼尽全力茁壮生长。

二、静待花开,化茧成蝶

2012 年的初夏,我以全市第 1 名的成绩被山东省平度第一中学直升班提前录取,开始了又一个 3 年的成长与蜕变。高中的环境似乎比初中时更压抑、更紧张一些,学习的内容也从夯实基础步入提升能力的层次,因而我此前运用的学习方法虽然依然有效但不再够用,在新的阶段我需要更新学习方法。

首先,做计划。这也是老师在高中一开学就给我们的重要提醒之一。面对学习科目的增加、学习内容难度的加大,如何高效地利用时间就成为提升学习效率的关键所在。刚开始,我觉得列出一个清晰、明确的学习计划多此一举,但"磨刀不误砍柴工",经过一段时间的调整,做计划成了比学习任务更重要的事情,大到一个假期、一个周末,小到一次晚自习、一节自习课,甚至在时间较为紧张的课间休息时间,我都会提前安排好计划。渐渐地,我对自己有了更准确地估计,在规定时间内完成规定的事情也成为我自习时的一种常态。在计划的时间内做事情,不要恋战、纠结,而要随时调整身心进入下一项任务中,学会放手。正是有了这样详细的计划,我的学习效率得到了飞速提升。在临近高考期间,我依旧像平时一样,提前安排好早、晚自习的学习内容,按照计划将各门学科的学习要点整理好进行复习巩固。在高考的那几天里,我过得也一如平常,平静而从容。

其次，夯实基础知识，构建科学的知识体系。高中时，我听说过很多次题海战术，相比而言，我在题量上是远远落后于其他同学的，只是规规矩矩地完成课本上的习题和老师布置的题目，最多再做一些提升题，而把其他的时间都用在理解和掌握基础知识和构建科学的知识体系上。并不是说题海战术不好，也不是说要把主要精力全放在基础知识上，成绩就会更上一层楼，只不过于我而言，更喜欢先通过课本内容和老师的讲解，多花些时间将一个个知识点理解透彻，然后通过做题去熟悉、巩固。这样一来，即使题目形式多变，我也能灵活应对。这两种方法看似差不多，但我在课后的知识点复习上的确耗费了更多的时间，甚至在课前预习时间较为紧张的情况下也坚持这样做。此外，初中时熟读能诵的方法我仍在使用。语文古诗词的全篇背诵及其翻译，英语课本上所有的课文、单词和新概念阅读文章的背诵，这些都可以帮助我成为"理科生中文科最好的人"。而化学的每个元素、物质、实验、方程式，以及生物课本上的重点内容也都需要在理解的基础上去记忆。数学和物理虽然看上去都是不需要背诵的，但是其公式、单位符号是需要记忆的。我的高中生活简单而充实，不仅没有什么超人般的做题速度，也没有面对难题的"下笔如有神"，仅仅是在课堂上提高学习效率，在课后比别人多花些时间去整理和巩固所学的知识点。通过一遍遍地打基础，最终滴水穿石，收获了丰硕的成果。

最后，每周写一篇周记。语文一直是我所有学科中发挥最不稳定的学科，尤其是作文，因此语文老师便建议我在时间有限的情况下，坚持每周写一点东西。这类写作既不像写日记那样随意，又不像写作文那样正式，而是以能够在同学之间传阅为标准记录下生活中的一些事情，抒发一些感慨。关于写周记这件事，即使是在考试复习最为紧张时我也没有放弃。虽然我写的大多数都是语言平实无华的记叙文，但我从未怀疑过自己坚持写了3本周记带来的语文表达能力的提升。因此，每每有学弟、学妹向我请教学习方法时，我也会毫不吝啬地向他们推荐这一方式。

当然，要想在高考中处于优势地位，仅有扎实的基础也是不够的，还需要具备灵活处理新题和难题的能力，而我培养这种能力来源于两件事情：一是在构建知识体系的过程中将知识点融会贯通；二是在不断地整理、改正、分析错题中收获解题的逻辑。每本教材上都记有密密麻麻的知识点，如此繁杂的内容若无体系便是一盘散沙，因而在打基础的前提下，提升能力的关键在于构建知识体系，尤其是数、理、化、生四科。数学、物理的知识点比较简单，但前后关联性很强，因而构建知识体系既要把控解题方向不跑偏、清楚判断每个题的考点，又要依靠知识点的相互关联做到在一个大题中多点齐发。例如，在物理综合题中将运动、力、能量相结合进行考核，这几乎囊括了整个高中物理学习的所有内容。如果能了解三者之间特定的关系，就能够找到解决这一难题的关键所在。化学和生物比较类似，虽然看着每一课都有重点，但学习对象和知识点多而杂。例如，一个化学实验可能覆盖数个知识点，生物的一道遗传变异甚至可以关联到之前所学的细胞结构的问题。因此，要想在化学和生物的填空题中少失分，就要在零零散散的知识点中看到系统性和整体性。

至于构建知识体系的方法，我认为大致有两点：一是整理课本以及老师所讲授的知识，自己借此梳理出课本上每一节内容的主要架构、每一章知识的结构图，并以关键词填空的形式进行填充；二是必须借助题目训练，尤其是将综合题中总结出的串联关系不断添加到原有的知识框架中，并辅以实战经验进行补充说明。这一点涉及题目完成后"再加工"的过程，其中比较关键的一环就是"纠错"，这也是我在没有大量做题的情况下仍保持做题感觉的关键。纠错始于核对答案，但绝不止于订正答案。它真正的价值是订正的过程，因为核对答案并不是简单地判定对错，而是为了真正地弄清楚出错的原因。正如我一直以来坚持的信念——每一个错误必定是自己有疏漏，每一道错题的背后必定有启发或者警示的地方。因此，我会在语文每一篇阅读理解的答案中训练自己寻找标准回答的立足点和采分点，这样便不容易踩错点，这对化学和生物的考试亦有借鉴；英语大篇幅都是选择题，当时我比较容易丢分的是阅读理解和任务型阅读，而丢分的原因除了不认识生词以外，还包括理解上的偏差，即未能深刻地理解出题人的意思；数学和物理的纠错更加重要，除了查漏补缺之外，还需要在试错中不断地接受新的解题思路和方法，将错题与难题一同整理，这些都能对能力的提升有极大的帮助。此外，各学科的纠错具有共同点。例如，把选择题当作填空或者计算来整理，在错题上标注自己当时出错的原因，并分析之前的做法错在何处，尽量做到不在同一个沟里翻船两次。又如，不要将错题放到第二天去处理，纠错题总要优先于做新题，以此达到事半功倍的效果。再如，在纠错过程中，整理有用的知识点作为补充记忆。总的来看，纠错在高中三年的重要程度和记笔记同等重要，纠错本的数量大致也和笔记本相同，而错过的题集中起来就是有针对性的练习题，一有时间就可以拿出来再做一遍，如果第二遍再做错就要再总结经验，直到高考前仍然再错的题目便会所剩无几，可以暂且列在清单上，考前再浏览一遍，这也成了只有自己能够懂得的重点。这样做不是为了能够押题，而是为了能够确保在高考的考场上不再犯重错。

三、那些光点

所谓励志，在我看来不过是成长中遇到的一些困难被解决了，再回首时就成为一个个记忆的光点。每个人都或多或少经历过困难和挫折，所以我也并没有认为自己的故事有多么与众不同，但我仍十分感谢当时的自己。

初一、初二时，我的父母先后被诊断出腰椎间盘突出，他们都需要休养，不能干重体力活儿。父亲由于症状较轻，且治疗及时，没过多久病症就减轻了，过了一段时间，他就坚持上班去了。但母亲的情况稍微严重些，需要治疗的时间较长，当时她没有外出打工，只待在家中务农、养猪补贴家用。好在当时爷爷奶奶帮忙照顾地里的庄稼，而家里养猪的活儿就被我揽过来了，每天上学之前喂一次饲料，中午爷爷奶奶负责给猪喂食，下午我放学回家后先给猪槽加食、清理猪圈，再去学习。一开始，我被臭气熏天、铲屎推粪的农活难倒过，被十几个猪仔横冲直撞的蛮横样儿惊吓过，也为拎不动的饲料、推不动的车子为难过，甚至还因此受过伤，但我更不忍心看到的是，父母每次目睹我干活儿时满脸的心疼与自责，他们是在担忧我的成绩受到影响！在那短短的一段时间内，我似乎感受到10多年被父母小心呵护的肩膀上突然有了沉重的担子，而这份重担不是压力而是责任。我穿上母亲破旧的"工作服"、戴上母亲戴了多年的红头巾，成功地把猪仔们伺候出圈，也并没有因为干农活儿而耽误学习，反而在学习上更加努力，我始终相信自己能够将这两件事做好。

我的家里没有暖气，冬天只有父母的房间生了一个小炉子，暖气一直通到炕洞。因此，每晚我都拿一张小桌子放在炕头学习，父母就在另一头休息。他们怕我学的时间太久而耽误了休息，就一直开着电视，中途睡着了，也会坚持到晚上11点左右醒来提醒我休息。我对电视的声音几乎可以完全"屏蔽"，父母也都知晓这一点，但依然在我学习的时候选择看"无声电视"，甚至常常因此犯困睡着，延误了提醒我休息而内疚半天。每当这时，我身上所有因为长时间蜷坐而产生的酸痛感和由学习带来的疲惫感都一扫而空，只留下满心的暖意安然入睡。那几年，父母时而心疼我的身体，时而埋怨自己没能给我提供更好的学习条件和生活环境，我却不以为然，反而庆幸自己有这样的经历，它们一直支撑我在之后的路上无所畏惧，披荆斩棘。

进入高中后，我的学习环境相对好了一些，但依然比较艰苦。学校不允许穿短裤和无袖衣，在六七月份的高温天气里，我们就在没有风扇、空调的教室里，汗流浃背地背书和做题；在寒冬腊月，我们挤在十二人一间的宿舍里，唯一的取暖设备是连热一杯牛奶都需要热一天的暖气片。而我整个高中生活遇到的最大难题就是对心态的磨砺。高中数学老师曾说过一句很有哲理的话："能在高考中获得成功的，必然是心智成熟的人。"其中"心"是心态，"智"是智商，心态总排在智力与能力之前。高中两个直升班中的一百名学生都曾是各乡镇中学的佼佼者，而我是头一次离家住宿，各方面有许多不适应，加之初中阶段提前为高中学习所做的准备不多，因而在年级摸底考试中仅排在第11名，之后的整个学期也从未进过前3名。然而，那时候我的内心从未服气过、认输过，我咬着牙把所有的时间都用在学习上，基本上没时间认真吃饭，也没心情交朋友，用了半年的时间撑过了所有的不适，把自己推到了和市区中学提前学习过高中内容的同学同一起跑线上。最终结果好在差强人意——高一下学期和高二上学期，我的成绩一直保持在年级第1名的位置，学习节奏也从急功近利逐渐放缓到自己习惯的速度上来，学习心态也因为没受到什么冲击而有所平衡。

然而，在高二下学期第一次期中考试时，我的成绩有所下滑，瓶颈期也随之而来。或许是由于那一阶段各科目的学习内容和难度都有所增加，或许是受到家庭的影响，我从这一次失利开始，变得越来越急切，越来越浮躁，甚至到高二升高三的期末考试时，我滑落到了年级第22名的低谷，心中的那根弦儿也快要绷不住了。成绩出来后，我面对老师和父母的劝导开始自暴自弃、出言顶撞，甚至躲在卫生间里失声痛哭，在早自习时还逃了课。我向好友在操场上哭诉：自己此前付出的努力得不到回报，之前的所有规划都化为泡影，还不如就此放弃……那几天以及随之而来的暑假尽管周围每一个人都在安慰我、鼓励我，没有任何人对我有一点点责备，但那的确是我17年的人生中遭遇的"最大的危机"。丢脸、不甘、压抑、委屈、失望、怀疑接踵而至，我从光芒万丈一下子坠入谷底。但折腾到最后，好在我还有一份坚持，在一段假期的放松过后，我突然解开了心结，明白了老师和父母说的常怀一颗平常心的道理，也接受了好友的关心，"既然放弃都不怕，便也再没什么可怕的，而所谓的那些放不下的东西其实没有任何价值"。恍惚中，我突然有了置之死地而后生、破而后立的淡定与坦然，不再执着于自己的努力有没有成效，而是全力向前奋进；不再关注结果，而是快乐地享受过程，去面对、接受自己的错误和缺点，而不是逃避和排斥。

最终，在高三的那年，我放慢了自己的步伐，逐步让自己回到身心都适应的节奏和轨道上来。没想到，我的成绩开始有所回升，虽然没有回到那个辉煌的时刻，甚至在第一次摸底考试中只考了676分，但这些于我而言都已经无关紧要。那时候，我只是每天坚持学习、查漏补缺，在同学和朋友的陪伴中一起享受并肩奋斗的过程。直到走进高考的考场，在很多人会紧张、焦虑的时刻，我却带着从未有过的淡定与从容，自如地在考场上挥洒汗水。

四、那些可爱的人

从小到大，我都是一个幸福的人。即使在难过、失望的时候，我都没有怀疑过这一点。而一路走来所有的动力与勇气，都是来自这种幸福，来自围绕在我身旁的那些可爱的人。

我在一个大家庭中长大，是八口之家中唯一的孩子，因而也一直是家里的宠儿，甚至直到有了四个弟弟妹妹，地位也是有增无减。母亲对我除了无微不至的关心和呵护之外，更像是一个陪伴我成长的朋友。她会站在平等的位置上与我沟通和交流，用自己的方式教给我她认为有用的知识。

记得小时候，我常常被母亲带去地里干农活儿，我曾因为除草导致皮肤变得黝黑,曾因为过于用力地弯腰种花生导致隔天走不了路,也曾因为钻玉米地导致眼皮被划起过红点。母亲很心疼,但她从未因为心软就放弃这一优良传统,而我也将干农活儿当作和母亲一起做的最喜欢的事情之一。我从中慢慢地体会到母亲的初衷——希望我能从辛苦的劳动中学会不轻言放弃,学会坚强,学会尊重每一分努力与劳动,懂得再平凡的事情只要用心便能与众不同。我把母亲当作榜样,努力做一个像她那样热爱生活,用小小的身躯面对生活中一切风浪的人。

从初中开始,我就养成了凡是大事、小事都会和母亲分享的习惯,自高中离开家到现在读研,我几乎隔三岔五就要给母亲打电话唠叨几句。有时候,我并没有什么重要的事情要和家里诉说,聊天的内容也多是和母亲分享一些在生活中的感悟和心情。我把母亲当作最好的朋友,她也以平等的姿态细心地聆听我的心事,她不强制灌输她的观点给我,而是将选择权放在我自己手中,我做决定后,她都会全力支持我。

高一的时候,每次回家后,我都会缠着母亲找点话题聊一聊,临走前抱着她痛哭一场,哭完后自己舒坦些,却让母亲为我担心。在高二的那段低谷期,校长、主任和老师曾多次给母亲打电话,甚至叫她去学校面谈,希望她能想办法帮我渡过难关,而母亲只是建议大家待我如常就好,她选择相信我,并给我调整身心的时间,却没对我提只言片语,甚至到了学校都没看我一眼,唯恐给我增添过多的压力与烦恼。原来,看上去柔弱的母亲总在用自己的臂膀保护着我。她既教会我自强,又始终为我留下一方自省的空间。

父亲在我生命的前十几年仿佛出席的次数并不多。小时候,父亲很忙碌,早上我还未起床他就上班去了,晚上他还没下班我就已经睡着了。在小学阶段,批改作业、参加家长会几乎都是母亲的任务,父亲去学校接我的次数屈指可数。那些年的父女关系不算疏远,也并不亲近。从初二开始,电工出身的父亲提前教会了我单刀双掷开关的运用方法，还多次与我讨论难题直至深夜，让我开始觉得走近那个不善言辞、不苟言笑的父亲也并非难事。

高中以后，我才慢慢体会到何谓父爱如山。每一次我给家里打电话，虽然都是和母亲在聊天，但父亲总会在电话旁边偷听，而让他说话时，他又会不好意思地拒绝，或者只是问一问我的吃穿用度。当我想家哭闹着要走读时，母亲的安慰让我越说越委屈，父亲却说："人总要学着长大，从被父母保护成长到能保护父母，别人能做到的我们也一定能坚持下去。"而在我考试失利怕被父亲责备时，他却破天荒地称赞我，说我能做到这样，他和母亲已经很知足了。

上大学时，我又开始想家，父亲在为我送行的时候，第一次在我面前哽咽了："每个家庭总有一代人要走出去，去拼、去闯，改变现有的生活。我们没有做到这一点，没能给你创造更好的条件，但你可以成为这样一代人，改变自己之后的生活。"这是父亲第一次以看待成年人的方式看待我，并流露出无限的信任，寄予深厚的期盼。如果说母亲对我是陪伴与引导，那么父亲对我则是在摸索中逐渐温暖我的心。

在我看来，父爱如山并不是指一个人的情感真能坚不可摧、屹立不倒。它不在于一个不善表达、无比坚强的人在你面前流露爱意，也不在于一旦你遇到事情总会冲在你的身前为你挡掉一切困难，而在于每当你想到他时会无比的心安。

我的身边有一群可爱的人，他们就是我进入高中后陪伴我的老师、同学。所有人都会认为受老师青睐是好学生的专利，而老师更在意的是一个人努力拼搏、努力变得更好的态度与过程。因为一位老师不可能为了五六十个学生而分裂出几十种不同的风格去适应每一个人，所以学生应该努力去发现每位老师身上的闪光点且心存感激，以便调整自己的学习态度。至今我仍记得：高一夏令营时，老师在闷热的教室里讲课时汗流浃背的样子；高考前每次晚自习都有老师不辞劳苦爬上八楼为学生答疑解惑；高考前夕，老师小心翼翼地关怀与呵护每一个学生。从刚开始与同学相处，我因为特立独行和强势的性格而令周围的人都敬而远之，到后来我开始给身边的同学讲题，风风火火地号召大家参加活动，帮助大家缓和紧张的关系和解决学习的烦恼，多次争做"出头鸟"，替同学们向老师争取"合法权益"，慢慢地，同学们越来越愿意走近我，关心我。我并不认为给同学讲题就是"施舍"机会让别人超过自己，也不觉得自己能做出别人做不出的问题就有资格居高临下地对待他们。事实上，这是一个互助互利的过程，我在帮助别人答疑解惑的同时，可以领悟到题目的难点和易错点在哪儿，也就避免了自己犯同样的错误。此外，每个人都有自己的一套思维逻辑，同一道题听听别人的想法自己也会受到新的启发，而且通过与他人沟通、看他人做题的方式也可以认识和走近一个人，这样的友情纯粹而深厚，每当我心情烦躁时，就有人陪我在操场上走几圈；每当我委屈伤心时，就有人在旁边倾听、安慰、鼓励……一切都是最平淡的样子，却因为有了那些可爱的人相互鼓励与支持，让本是压抑的高三生活变成了幸福的时光和美好的回忆。

五、新的篇章

2015年的夏天，我以全市第1名的优异成绩考入北京大学元培学院。因为那时对各个专业了解得并不深入，也不知道究竟哪个专业适合自己，所以就选择元培学院以便给自己一年的缓冲时间来思考。元培学院是思想自由、兼容并包的燕园中，自由度、包容度较高的学院，一个宿舍内四名学生可能就有四个不同的专业方向，一个班里的同学也很少有机会上同一门课，甚至组织一次集体活动都会因为时间不易协调而无法顺利进行。整个学院就像是北京大学校园的小小缩影，自由却不散漫，存异而又包容。

"北大人"和"元培人"的双重身份教会了我许多道理,其中最重要的有两点。

第一,通识与思考。在元培学院,每个学生都要选修人文、艺术、自然科学、社会科学四个方向,总学分12分的通识课程。刚开始,大家都不理解为何有专业课和选修课外的学分要求,后来却十分感谢学院有这样的方向指引。作为一名计划选择商科的学生,我的本科学习并没有被财务报表、营销案例、估值预测、实习等与专业相关的学习内容所填满。我在西方音乐课上,了解到原来音乐不只是一门艺术,还可以在科学技术上发挥作用,也看到了那些从事自己真正热衷的事业时的人是怎样在职场上熠熠生辉;在西方思想课上,发现了哲学所讨论的并不是之前认知中虚无缥缈的道理,了解到君权并非一无是处,而民主也并非全是美好;在化学课上,感受到处处用化学与科学的眼光去观察生活的乐趣;在社会学课上,分析过自杀现象更深层的原因。或许这些课程在之后的学习中再也不会用到,而且学习的内容也会随着时间被淡忘,但在记忆中遗留下的是拓展的认知和全面的分析方式。我领悟到不同学科中多样的出发点和深刻的思维逻辑,不会因为只接触、学习自己需要的东西而使思维变得狭窄、偏激和功利,而是努力接近事物的完整面貌和客观的事实和真相,保持谨慎和批判的态度,学会独立思考。

我想,思考可能是大学4年的教育赠予我比较有价值的东西。几乎所有的任课老师在授课时都会通过多种方式训练学生自己动脑,鼓励大家在理解权威观点的基础上提出自己的看法。身处全民思想和言论自由度较大的时代背景下,接触和处理的信息量骤增,作为北京大学的学生,我代表的是其中思维更为活跃的一分子,我和其他"北大人"的一言一行很有可能稍有不慎就会被推到舆论的风口浪尖上。因此,我始终保持自由而不激进、谨慎而不冷漠的态度,毕竟自己的每一个言行既关乎自己又关乎学校的荣辱。当遇上大事时,我会先冷静下来看事件的全过程,然后考虑发声;当大家都在抱怨或者质疑时，我也会停下来想想是否事情另有隐情。我相信，不管自己以后在社会中扮演什么样的角色，"北大人"和"元培人"的身份带给我的这一认知都会帮助我走得更稳，走得更远。

第二，选择。高考前，我一直认为努力奋斗是为了日后自己能有更多选择的机会。而进入大学后，我才慢慢地体会到做选择并不是一件简单的事情。在大学里，我的选择是从元培学院自由选课开始。虽然通识课有一定范围的限制，但其余所有的学分都是由自己全权决定的，哪怕基础课和专业课比其他学院的同学拥有更大的自由度，但最终选择哪个院系的哪一门课、什么时间选，还是由自己决定。整个大学4年，我就像一张白纸，学院只给了我一个框架，其余都是由自己来安排。因此，第一次选课就要对大学4年的学习内容有个大致的计划，之后每一次选课也都是一个权衡利弊的过程。好在每一次选择的结果都还不错，不仅让我超学分毕业，还让我拥有前15%绩点排名、多项奖励和奖学金。但其他的选择，则不像选课这样有比较明确的评判标准，它们更符合有所得必有所失的一般规律。

在大一时，我更看重学工处的志愿与服务功能而把能力提升放在其次，因而选择在学生志愿服务组织中深入发展。我带领同学们在冬季开展连续两个月的周末劝募活动，并走出学校面对形形色色的陌生人，接受他们的善意或者拒绝。后来善良与坚持有了些许回报，我们为全市成绩排名前3的山区学生筹到了善款。但是在人际交往方面仍有所欠缺，留下了遗憾。在大二的专业选择中，我把自认为不感兴趣的文科和难度太大的理工科直接排除在选择范围之外，甚至将商科专业中竞争强度较大的金融和枯燥的会计专业放弃了，转而选择了看上去易懂、有趣的市场营销。虽然灵活、丰富、富有活力的营销学学习让我对"互联网+"时代商业运作模式有了一定认知，让我体会到了消费者心理和行为的复杂性，也让我了解到了商业现象表层下的逐利方式，但在之后保研换方向时不占一点优势，也致使我在技术与能力上有些不足。因受学长、学姐的影响，我想为将来步入职场做准备，所以早早地在大一、大二的暑假开始实习，但不可否认的是，在知识与能力储备有限的情况下，我在实习过程中所能做的事情十分有限，远不如多学一点知识技能、加强一点能力帮助大。

在我大三选择出国交换的学校时，因为大一、大二的成绩不够优秀，结果只能在可选范围内最优的悉尼大学商学院进修。交换时间定在大三下学期，但这个时间对参加保研项目的我而言有一定的负面影响。澳洲的学术研究相比欧美的稍显逊色，但优点在于我可以在大三上学期为保研做好充分的准备。在保研项目上，我选择的是清华大学和北京大学的商科硕士项目，其中北京大学光华管理学院的商业分析项目和金融硕士项目二选一，北京大学汇丰商学院的金融硕士项目、清华大学经管学院的金融硕士项目和五道口金融硕士项目二选一；最终由于我的统计基础不够扎实，我只好放弃了北京大学光华管理学院的商业分析项目，而在清华大学经管学院和北京大学汇丰商学院两个学院中选择了前者，同时我也为自己没有了解清楚清华大学五道口金融硕士项目就快速舍弃而稍有遗憾。总的来看，正是一个个关键节点的选择构成了大学 4 年画布上的靓丽风景，我想无论是遗憾还是庆幸，决定是对还是错，我所要做的就是在每一次选择中综合各方面因素做出最好的选择，然后在一个个选择下迎接水到渠成的结果，无怨无悔。

2019 年的夏天，从北京大学来到清华大学，从自由、包容的燕园进入更强调严谨和执行力的清华园，我明显感受到两所顶尖学府不同的风格。如果说北京大学活跃的校园氛围拓宽了我的眼界和思维，为我奠定了学习基础，指明了前进的方向；那么清华大学严明的纪律、高效的执行力，就成为我走向社会和职场的有效助力。不同的时期，学习任务不同；不同的学习阶段，学习方向也有所不同。本科阶段的课堂更强调活跃的气氛，而研究生阶段的课堂更强调理解和效率。同样是合唱表演，燕园更加注重表现形式和呈现效果，而清华园更注重精神传承和培训的过程，且最终的评分也将日常训练时的评分作为重要的考核标准。两所学府共通的则是对思想力的培训和对责任的强调。清华大学于我，是一个开始；北京大学于我，也并非是终点。不久之后，我会带着"北大人"和"清华人"的双重身份走进社会，开启人生新的篇章！

随笔感悟

> 2015年进入北京大学，既是一段成长的终点，也是另一段旅程的起点。而比这样一个节点更重要的，是此前十多年的积累与铺垫，以及由此开启的、对未来的规划与憧憬。<u>九年义务教育奠定了对学习炽热的爱和始终如一的专注，高中三年习惯了做计划、建立知识体系、在犯错中进步和成长。所谓励志，不过是成长中遇到的那些困难，被一个个解决了，就变成了回头看时的一个个光点。</u>进入北京大学，学会了通识与选择；走出北京大学，以更加严谨的态度延续着思考与坚持的习惯。我会带着"北大人"和"清华人"的双重身份开启人生新的篇章！

荣赛波

回首：
刻骨铭心的青春

毕业院校： 河北省邢台一中
录取院系： 北京大学新闻与传播学院
高考成绩： 649 分，邢台市第 1 名（文科，2015 年）

初中开始，我就养成了写日记的习惯，随着每天的学习越来越紧张，日记也慢慢成了"周记"，到现在成了"月记"。虽然我写作的间隔时间有些长，但是写日记的这个习惯一直保持至今。每个月的记录，让我能在繁忙的学习生活中停下脚步，回首看看走过的路，总结自己的得失和感受。这样的习惯让我养成了一种反思的意识，通过反思去觉察意义，去审视自我。对于我来说，日记本既是一个"笔记本"，又是一个"纠错本"，定期的反思可以为我们提供一个调整的机会。这几本落满灰尘的日记本里，记录着我刻骨铭心的青春。

一、可靠的大后方——家庭

我时常心存感激，感激在我身后默默付出的父母。他们没有很高的文化水平，却无时无刻不在关心我，为我的学习生活提供了坚实的保障。我的父母身上的坚韧、坚强的品质深深地鼓励着我，让我不断以他们为榜样努力前行。

从小，我的父母就注重培养我独立生活的能力，他们的教导让我明白，很多事情都必须自己独立完成，很多责任都需要自己去承担。小学的时候，我很喜欢赖床，总是需要母亲叫很多遍才能起床。有一次，还在赖床的我听见母亲唤了好几声，但还是睡过去了，醒来时发现自己已经迟到了。我责怪母亲没有持续叫醒我，她却说她已经做到了父母应尽的义务，并教我要对自己迟到的事负责。那天我匆忙赶到学校后被老师严厉地训斥了一番，此后，每次起床我都不再依赖母亲叫了，而是自觉起来。这是一件很小的事情，但是对我的影响很大。慢慢地，从起床到吃饭，从上课听讲到写作业，我很少需要父母或老师的催促，因为我慢慢地体会到很多事情都需要自己去独立完成。

从小到大，我从父母那里学到了很多生活技能，最重要的就是烧菜、做饭了。上小学时，每天父母回家都比较晚，干了一天的体力活也已非常疲惫。我看到他们的样子，便不忍心让他们给我做饭，于是学着自己做饭，让父母教我怎么开煤气、用电磁炉、洗菜、切菜、炒菜、做饭、做粥等。小学三四年级时，我每天下午放学回家就自己做饭，等父母回来。可能正是这个原因让做饭、烧菜成为我的一个爱好。直到现在，我依然喜欢研究不同的菜谱。六年级时，我开始了住宿的生活。在学校住宿需要独立生活，那时的我已经很会照顾自己，不会让父母过多操心了。

在我的家乡，木质板材加工工业是支柱产业。村里很多人都是靠在板材厂里打工维生，但这是一个高污染的企业，听说板材制作过程中的废渣、废气排放会对人的健康产生不可逆的损害，而我的父母都在这样的工厂里工作。初二暑假时，我偷偷去母亲上班的工厂找她，那是我第一次来到她工作的地方，看到她工作的环境：破旧的厂房里，落满了灰尘，工业材料的刺鼻气味让人止不住地流泪，工厂里的机器疯狂地运转，发出震耳欲聋的响声。在灰尘、恶臭和无休止的噪音环境下，我的母亲正将厚重的木板搬到操作台上，她带着有破洞的手套费力地涂抹着工业材料，再小心翼翼地将木板抬下去，然后一直重复着这样一个工作流程。在这样的环境下，母亲几乎是在没有任何保护措施的情况下干着苦力活。我在工厂里站了一会儿就已经无法忍受了，但是母亲已经在这里重复劳作了不知多少年。那一刻，我才知道父母为了这个家、为了我付出了多少，我也为自己之前所有的叛逆深深懊悔。原来父母为了让我安心学习，一直在负重前行。

在高三最紧张的冲刺阶段，回家是我最放松的时刻。学校是为高考拼杀的战场，而家则是温暖、可靠的大后方。每一次回家，母亲都会暂时"丢掉"节俭的习惯，为我买平时舍不得买的东西，我的父母不会对我唠叨个不停，也不会对我的成绩和在学校的表现追问到底，他们只是鼓励我放假在家好好休息，放松心情。尤为让我期待的是和父母晚上一起散步的时光。我会向他们倾诉我的烦恼和忧愁，向他们传递我的欣喜和快乐，袒露自己对高考、对大学既期待又恐惧的心情……静谧的夜晚，农田连着村落，远处若隐若现的灯光，以及时不时传来的几声犬吠，每一个元素都在抚平我高考前紧张的情绪。我们就这样一边漫无目的地走着，一边聊着天，每一次散步回来，我都会感到内心的放松。虽然整个过程一直都是我絮絮叨叨地说个没完，父母只是偶尔笑笑，或是劝慰我几下，但是那种倾诉的畅快为我下一个阶段的学习提供了充足的动力。

每一次开学，母亲都会给我买一些东西，还让我带上一包剥好的核桃，这是她在集市上精挑细选，在家里一锤一锤砸开剥干净的。踏上去往学校的公交车时，也是母亲开始唠叨的时候——"少熬夜，压力不要太大，尽力就好""每天早上买一个鸡蛋，多打点饭，别舍不得花钱""身体不舒服就拿点药，给家里打电话，千万不要硬扛着"……她总是担心少说了些什么，直到公交车开动了，还会在后面"吼着"叮嘱几句。

二、梦想的起始地——北京大学

中考结束之后，我利用暑假时间找了一份工作，那次打工经历对我产生了很大的影响。初中毕业的我并没有一技之长，所以只能去做一些苦力活。我的父母也很支持我，希望我可以通过打工来接触社会。我找了一份修高铁的工作，高铁轨道主体已经修建完毕，我们做的是在高铁轨道上的一些完善工作。北方的夏天，骄阳似火，在高铁轨道上更是备受煎熬，没有一点树荫可以休息乘凉，我们只能在太阳的炙烤下干着苦力活。第一天从早上6点上高铁轨道，到晚上7点从高铁轨道上下来，午饭是用绳子吊上高架并在上面食用的。回到家时，我已经是筋疲力尽、浑身酸疼，只能瘫在家里的沙发上。母亲见到我时，我的全身已经被晒得通红。吃饭的时候，我狼吞虎咽，食不知味，因为那时的我实在是太累、太饿了。而且澡也不能洗了，因为我的皮肤已经被严重晒伤了。第二天早上，我发现自己身上的酸疼感加重了，脖子和胳膊上的皮肤被晒蜕了一层，但我还是咬牙坚持去干活。一个多月下来，之前白白净净的我已经是"胜过张飞，赛过李逵"了。之后，我还找了其他的一些零工，诸如去工厂拔钉子，去建筑工地搬砖。就这样，这个暑假我收获了人生第一桶金。

那次的打工经历让我收获的不仅仅是几百元的工资，更是对自己未来的思考。一方面，我真切地体会到父母是有多么的不容易，他们为了供养孩子上学，已经任劳任怨、干苦力活干了这么多年，而我只干了一个多月就忍受不了了；另一方面，我也体会到改变被迫干苦力的命运的最好方式就是学习，我必须加倍努力。

高中开学后，我坐在宽敞明亮的教室里，感到学习是多么幸福、多么奢侈的事情：有宿舍，有食堂，不必担心自己的温饱问题，只需为了一个学习目标而全力以赴。对于这样难得的学习机会，我倍加珍惜，希望能够因此让自己今后拥有更多自主选择的权利。

高中阶段，我去过三次北京大学，每一次都让我有了新的体会。第一次是我的姐姐带我去的。那是我第一次离开家乡，坐火车出了趟远门，也是我第一次触摸到自己的梦想——北京大学。

暑假是校外游客参观校园的高峰期，作为参观校园的游客之一，我在北京大学东门外排了2小时的队。排队的时候，我看到北京大学的学生只要出示自己的学生证就可以自由进出，心里很羡慕：要是我也能拥有这样一张学生证，能自由进出北京大学校园该有多好呀！进入校园之后，我被北京大学的美景惊呆了，我见到了在梦里出现过无数次的"一塔湖图"（博雅塔、未名湖、图书馆），看到了庄严的北京大学西门，看到了暑假依然在学校学习的学长、学姐。那次参观虽然短暂，却让我近距离地触摸到自己的梦想，"北大梦"不再那么虚无缥缈，而是真正被我见到、触摸到了。

从北京大学回来之后，我就把"进北京大学"的便签用几条胶带牢牢地固定在桌角上了。高中的学习繁忙而枯燥，无边的题海压得人喘不过气来，每当这个时候，我都会盯着自己写下的"进北京大学"的便签，仔细思量自己一天的学习安排、学习状态，反思自己所做的一切是不是一步步地靠近梦想，不断地缩短现实和梦想之间的距离……那时候，梦想成为高中学习时光的一面镜子、一把尺子，让我观察和度量现实和梦想的距离。

第二次来北京大学是参加校方举办的全国优秀中学生夏令营。在夏令营中，我和来自全国各地优秀的高三学生在北京大学内度过了难忘的一周。在这一周里，我们仔细地了解了北京大学的前世今生：参观校史馆，参与校内组织的定向越野活动，聆听北京大学教授讲座，向学长、学姐请教经验……在夏令营里，我收获了友谊，看到了优秀的榜样，也更加坚定了自己的梦想。虽然我最后没有获得优秀营员的资格，但是这次北京大学的体验活动让我获益匪浅。

高考之后，我第三次来到北京大学参加自主招生考试，这是我实现梦想的一次好机会。我平复了心情，克服了紧张和焦虑，最终拿到自主招生提档线下 20 分的降分，这使我获得了顺利进入北京大学的门票。

在农村生活的我时常走夜路，每当夜幕降临，我的心里会不自觉地产生一丝恐惧感，但是如果看到远方有一丝光亮，即使非常微弱，也会让脚下的步伐更加坚定。而梦想就是黑暗中的一丝光亮、一盏明灯。正如，汪峰在歌曲《怒放的生命》中唱到的，"曾经多少次跌倒在路上，曾经多少次折断过翅膀"。在高中，我经历过年级名列前茅的高光时刻，也曾堕入自我怀疑的无尽深渊。但是，"北大梦"的星辰时刻在远处吸引着我，激励着我，梦想的力量让我冲破一切障碍，勇敢前行。

三、最受益的学习经验——习惯

高中班主任经常给我们讲："优秀其实很简单，优秀就是一种习惯。"他经常讲一个关于理发师的故事：很久以前，一位理发师傅招收了一个小学徒学习理发，但是那时候没有现在理发店里我们时常见到的人头模型可以练习，所以理发师就让小徒弟找一个新鲜的冬瓜。新鲜的冬瓜上有一层白毛，理发师就让小徒弟把白毛当作头发来练习。小徒弟很聪明，每次都会非常快地把白毛剃得干干净净的，但是剃完之后小徒弟就会下意识地把刀子插在冬瓜上，理发师每次看到这样的情景都会提醒小徒弟不要这样做，否则会酿成大祸，但是小徒弟觉得没有关系，他认为这只是一个冬瓜，等到他给人理发的时候肯定不会把刀子插在人的头上。就这样，小徒弟练习了3年，3年中他的理发技艺已经炉火纯青，但是把刀子插到冬瓜上的动作一直没有改正。3年后，他迎来了自己第一个客人，他非常完美地理完了客人的头发，但没有克服插刀子的习惯，将刀子直接插到了客人的头上，酿成了惨剧。

习惯的力量是很强大的，可能就是平时我们不经意地重复某一种行为或思维方式，这种行为和思维方式会给我们留下深深的烙印——一种行为或思维的惯性。而这种习惯的力量很可能会在某一个场合下被无限放大。回首自己的中学时代，正是许多良好习惯的养成让我受益匪浅，而这也是我认为最受益的学习经验。

（一）书写的习惯

小学时，我开始练习书法，曾获得全市少儿书法大赛三等奖。进入高中之后，老师特别强调卷面分，即卷面的整洁程度，班主任经常强调："你的卷子是给批卷老师看的，不是让你自己看的，你要想办法让老师看清楚你写的是什么。"大部分语文题目是很灵活的，没有标准答案，老师判断的主观性很强，如果卷面比较整洁、美观，老师就会给相对较高的分数。高中老师向我们展示过他阅卷的过程，在极为有限的时间里要批阅完全年级的卷子，在这种情况下，阅卷速度是非常快的，老师没有办法做到一字一句地批阅学生的答案，他所做的只是在答案中寻找得分点。如果你的字清爽、美观，老师很容易从中找出得分点，这样就会增加卷面分；如果你的字非常潦草，老师无法找全你的得分点，就会造成不必要的失分。在学校组织的考试中，你或许可以拿着自己的卷子找到老师去"伸冤"，指出老师没有发现的得分点，但是在高考中肯定是行不通的。因此，卷面的整洁程度，是高考考查的要点之一。在答题纸上写答案时，一定要站在老师的角度，明确这样一个观点：卷子是给老师看的，你要把它当作一件艺术品去塑造，尽可能地让老师感受到你的用心。

一开始，我的英语写作成绩很糟糕，于是我先从网上下载了英语作文的范例，总结了英语书写美观的规律，诸如每一个字母的倾斜度、字母之间和单词之间的间距、笔画的粗细等；然后从字母到单词，从单词到句子，再到整篇文章，逐一进行练习。不管是中文还是英文，我们都要尽早找到适合自己的字体。什么叫作适合自己的字体呢？每个人都有自己的写字习惯，不同的写字习惯可能会产生不同的字体，适合自己的字体，一是写起来顺手，二是写起来整齐，三是写起来迅速。这三点缺一不可。

在平时的考试过程中，要把每次考试都当作高考，在不断地摸索过程中，养成良好的书写习惯。另外，目前大部分判卷都是运用扫描软件将学生的试卷扫描成电子版，再通过计算机屏幕呈现出来，于是会造成实际书写的试卷在计算机显示屏上出现偏差。我建议寻找一些扫描软件来做实验，如手机上就有很多免费的扫描软件。如果能看到自己写的字投射到计算机显示屏上的效果，就可以更好地发现书写的缺点所在，以便做出调整。

此外，还有一个小细节，即选择适合自己的笔。战士上战场，笔就是刀枪，如果使用的兵器不合适，就可能耽误书写进度。因此，平时应多试用不同类型的笔，看看哪种笔握起来比较舒服，写起来比较顺畅。在考场上，最好不要使用新笔或新笔芯，因为有可能会出现我们不熟悉的情况，甚至意外。虽然这是非常小的细节，但千万别忘了，细节决定成败。

（二）准备笔记本和错题本的习惯

作为身经百战的考生，准备笔记本和错题本是很重要的。笔记本可以帮助我们记录和整理知识，对知识进行系统化的管理，它是书本知识的延伸、考试复习的利器；错题本可以帮助我们"避雷"，对我们掌握得不够牢固的知识和易错的题目进行巩固和强化，它可以被看作高分的宝典。

在笔记本种类的选择上，活页类型的笔记本比较经济、实用，一个壳可以搭配很多纸芯，使用完一本纸芯后再换其他的纸芯，外面的壳可以重复使用。此外，活页类型的笔记本在课下进行分类汇总时也很便利。例如，上数学课和英语课时可以共用一个活页类型的笔记本，做数学笔记的时候用一页，上英语课时再用另外一页，下课时再按照学科将其归类，这样在汇总复习时就更加便利了。

做笔记的过程，既是记录的过程，也是复习的过程。一方面，对当前所学知识进行了梳理；另一方面，对之前所学的知识进行了复习。实际上，很多学霸在考试前不怎么看书，而是复习自己的笔记。在复习笔记时，可以用不同颜色的笔进行标注。例如，有新的见解或看法，或改正之前笔记上的错误。这样下一次复习时就能关注到重点，随时随地更新笔记。在做笔记的过程中，要牢记循序渐进，不要一蹴而就。

错题本在很大程度上可以帮助我们避免之前所犯下的错误。需要注意的是，千万不要掉入形式主义的窠臼。有些老师会定时检查错题本，于是一些同学就搞形式主义，将错题随便抄写到错题本上，应付老师的检查。但是错题本是为自己服务的，所以不要被某种形式所限制，而要发展出适合自己的错题整理方法。这里分享一下我的小经验：我先把错题本按照学科进行分类，一门科目用一个错题本，再把错题本划分为多个固定的主题。例如，在数学错题本里面，我又划分了"集合""函数""解析几何"等不同的专题，并将同一个专题放到一起，这样就会有横向的对比，而具体到某一个专题，我会从上往下整理自己做错的题目。这样在翻看错题本时就会有一个时间的观念，进而构建自己的错题体系。

一般情况下，我会先把每一道错题记录下来，再把正确的解题方法写上去。很多同学都会面临一个问题，即积累的错题越来越多，但是重做错题的时间越来越少。我面临这个问题时采用的方法是创建一种流动机制，适时对这些错题进行更新，让一些旧的错题"出去"，再让一些新的错题"进来"。这样就能集中有限的精力解决主要问题。当然，那些非重点的错题，也不是完全抛弃了，可以每周拿出固定的时间，专门看那些非重点的错题，这样就可以分清主次，提高效率了。

面对错题时，要及时总结，找到犯错的原因。有时候，犯错误不仅是由于知识点掌握不牢，还有可能是由于某种学习方法、学习习惯不好而产生的。因此，在整理错题时，需要认真、专心，避免形式主义。错题贵在精而不在于多，希望大家能正确看待。

（三）正确刷题的习惯

在高中阶段，很多学校会采用题海战术对学生进行训练，一些同学还会购买大量辅导材料加强练习。我认为，刷题是有必要的。中学阶段所学的知识，往往是一些可以掌握，但又很容易忘记的知识。这时候，单一的讲述往往无法给学生留下深刻的印象。但如果把这些知识转换成题目来考查，我们就会记住这些知识了。目前，中考、高考甚至是水平测试等考试主要以笔试为主，做题是其中常规的考核方式，所以做题就成为我们躲不开的话题。俗话说，熟能生巧。刷题的目的是提高对特定题型的熟练度，大部分知识点能够出题的方向是非常有限的，因此我们只要做到类似的题型，在考试时只要稍做思考就能马上解题了。

那么，如何正确刷题呢？我们先要对自身的能力水平有一个正确的认知，知道自己哪个知识点薄弱，需要通过刷题的方式来巩固；然后，针对学习的进程，找到适合自己的题库，并进行实时更新。例如，有的同学在长时间刷定语从句的试题之后，就能够保证很高的正确率，但是宾语从句的正确率又下降了，这个时候我们就需要适时转变主攻方向，将之前刷题的方向由定语从句转变为宾语从句。

我们在刷题的过程中，还要注重题目的质量。在市面上，大大小小不同类型的试卷不可胜数，网络上也有各种各样的资源供我们自由选择。面对这么多的资源，我们应该先辨别题目的质量，而不是盲目地刷题。我们可以先做一些老师推荐的试题，这些试题往往是一线老师从许多种辅导资料中精挑细选出来的，质量较高，其中有些试题还经过名师亲自验证的。做完这些试题之后，有些同学觉得训练度不够，还想做更多的题，可以向老师询问是否有质量较高的练习题推荐。如果想自行选购，可以做一做市场调查，考察一下市面上有没有适合自己的专题类题库，诸如专门应对语文作文的题库，专门应对数学解析几何的题库，等等。

当我们找到一些专门的题库后，可以看一看它们的市场评价如何，也可以向有经验的学长、学姐咨询高质量的题库。纸质题库的挑选方法也同样适用于网络上的电子题库。总而言之，我们应该增强自己的辨别能力，找到一些好的题目，千万不要来者不拒，毕竟我们的时间和精力是有限的。当然，历年的高考真题是比较适合练习的。我从高二起就开始做历年的高考真题，很多题目重复做过很多遍。在做高考真题时，我会反复揣摩出题人的意图。

很多同学在刷完题之后就把做过的题扔掉了，我认为这种方法是不妥的，因为一道好的题目的价值远远不止指出错误那样简单，它会将我们在学习方法、学习习惯上的不足之处暴露出来。例如，我们在做题的过程中总是在同一种题型上犯错，这个时候我们就需要好好反思、总结。此外，如果一道题参考答案的解法和老师所讲的解法不同，我们可以思考它们的不同之处在哪，是试题参考答案的解题方法比较好，还是老师所讲的解题方法比较好，要做到举一反三。很多同学的拖延症比较严重，总想着等有了大块的时间再统一对错题进行整理，这往往会导致到高考结束时也没有机会再看之前做过的卷子。因此，我建议大家在做完试卷后的两天内就要对题目进行"复盘"，从参考答案中积累一些学科中的专业术语，让做一次试卷的效用达到最大化。

在这里，我给大家分享一下自己总结的经验，以供大家参考。在反思的过程中，我们需要准备一张白纸，或一个本子。根据前一段时间学习的内容一点点地回顾，一旦遇到不清楚、没掌握好的知识点就在旁边的纸上记下来，最好按照条目分别记录。在浏览完课本之后，再拿出练习册和试卷来，专门找一些错题，然后仔细想想做错的原因：是因为没有看清楚题目，没有算对数字；是因为自己将这个知识点和另外一个知识点混淆了；还是因为自己压根就没有学会这个知识点。一旦发现是自己没有掌握好知识点而导致的错误，就要记录下来，最好是精准到每一个具体的知识点。例如，你将英语阅读理解做错了，在探究做错的原因时就可以把错误精确到具体的知识点，以此类推。在完成这一个步骤之后，我们把那些知识点再进行分类汇总，看看它们属于哪些专题，把这些专题之下的具体知识点作为自己最近一周要重点学习的内容。如果上周的任务都完成了，就学习别的知识点；如果上周学习的知识点没有弄懂，就得继续复习这个知识点。如此就能发挥好整理和反思的作用，即查漏补缺，温故知新。

（四）心态调节的习惯

在高三阶段，心态也是决定高考胜负的重要因素之一。很多同学平时成绩很不错，但是一到大考就容易紧张，因心态调节能力太弱而掉链子。最常见的是，由于紧张而导致考前失眠。有的同学能够坦然面对，不断地暗示自己在这两天失眠也没关系；而有的同学则会放大失眠的影响，不断地给自己消极的心理暗示，固执地认为失眠就一定会影响自己的考试成绩，最终这种暗示也会"自我实现"。其实，一定程度的紧张和焦虑的情绪对考试是有益处的，我们要学会接纳这种情绪，给自己正面的心理暗示。

当我们过度紧张和焦虑的时候，就要学会一些心态调节的方法，诸如深呼吸、适当运动等，而端正考试态度是治本之道。考试可以帮助我们发现自己在学习中产生的问题。这些问题在平时的小测验中是暴露不出来的，它们往往是通过一些正式的考试显露出来。我们所要做的就是通过考试发现这些问题，进而解决问题，这才是考试的意义所在。当我们抱着这样的态度去考试时，就不会担心考不好了。问题暴露得越多，我们改正问题的机会也就越多。当你做好了考前的准备，考出好成绩就水到渠成了。

另外，在考试中有很多技巧可以帮助我们提高分数。一张试卷往往会出现不同类型的题。其中难度适中的题目占据了很大一部分，而难度较大的题目则占据了很小一部分。做题的时候，我们可以选择先易后难的顺序。先做一些简单的、有把握的题目，再做一些难度较大的题目。如果我们盯着那些难题不放，时间就会被白白地浪费掉，最后直接影响到其他题目的解答。在考试的时候，我们应该通览全卷，先做那些比较熟悉的题目，遇到比较难的题目，也不要惊慌失措，而要冷静思考。比较难的题目往往是一些新的材料和新的情景题，需要考生运用自己所学的知识去分析和解决这些问题。这时，我们可以把这些问题变成若干个熟悉的小问题，或将其转化为熟悉的题型，进而去解答。

四、新的蜕变——成长

高考之后是漫长的等待，当班主任和北京大学招生组的老师给我打电话时，我终于听到了梦想花开的声音。

北京大学的生活是丰富多彩的。在这里，有会学的一批人，也有能玩的一批人。你可以从身边的同学身上领略到无数精彩的人生，你也可以从名师那里得到受益终生的人生智慧。在这里，我真实地走进了曾经观看过无数遍的北京大学宣传片中的世界。

几乎每一位同学在刚进大学的时候都会陷入一段或长或短的"大一迷茫期"。很多同学往往会亲身体验到现实和想象的差距，"心累"是大一新生常常向别人倾诉的话语，这种"累"和高中的"累"完全不一样。在高中，你和身边的同学都有着同样的目标——高考，这条路已经被无数人走过，有无数的学长、学姐为你留下了经验或教训，你和你身边的同学一起瞄准了这个方向，只要朝着这个方向走就是正确的选择。但是当你进入大学之后就完全不一样了，昔日和你一起奋斗的高中好友去了不同的城市、不同的大学，学着不一样的专业，而大学的班集体远远不像高中那样"团结"，也没有谁会像高中老师那样从早到晚地鞭策你、监督你。学习不再是唯一的任务，你可以把精力分配给自己感兴趣的社团、学工处，也可以将学术科研作为人生的理想……你面临的是无数个岔路口，你不再像几个月前的高中那样"别无选择"，你突然拥有了选择权，同时要为自己的选择负责。当选择变多时，你必须做出取舍。

我像很多同学一样，在大一开始时陷入了深深的焦虑和迷茫。庆幸的是，当我意识到自己糟糕的状态之后，勇敢地踏出了脱离"舒适区"的第一步。我进入了学院团委青年志愿者协会做部员，结识了非常优秀、友善的学长和学姐，一起策划、举办志愿活动，服务全校师生：曾经在下着雪的校园支起摊位，号召来往的学生为山区的孩子写明信片，也曾经联系其他学院志愿者举办高等数学辅导活动。我还加入了学校资助中心互助平台。在这里，我认识了一批志同道合的朋友，我们倾诉着各自的烦恼，又互帮互助，直到现在，我们还是无话不谈。此外，我获得了暑假去香港进行交流的机会，与来自北京大学、南京大学、香港浸会大学等学校的学生，一起深入香港的学校和社区进行社会调研，感受这片土地上真实的繁荣和尖锐的矛盾……北京大学为每一位在校学生提供了国内最好的机会和平台。大学4年，我尝试去领悟大学生活的真谛，不再去和别人盲目地比较，学会接纳自己，并努力让自己的大学生活变得有价值，变得缤纷多彩。

在北京大学的每一天我都心怀感激，感谢北京大学为每一个富有青春和活力的生命提供了养分，感谢在迷茫焦虑时鼓励和开导我的学长、学姐、同学、朋友，感谢关心我的每一位老师……

博雅塔、未名湖、图书馆……燕园为灵魂的栖息提供了处所：我们在楼顶远眺，在湖边凝视，在图书馆阅读和思考。高中时候，我最喜欢的一句话是"当你快要放弃的时候，想想当初为什么走到了今天"。每一位考生，当你想要放弃的时候，不妨暂时放空自己，回望来时的路，思考每一个脚步的价值和意义。祝愿每一位考生都能梦想成真！

随笔感悟

站在23岁的节点上，回顾此前的学习经验和成长经历。家庭是一个人一生的起点，家庭教育影响了人的一生。我时常庆幸能够遇上我的父母，在学习方面他们可能并没有帮助我很多，但是他们帮助我养成了受益一生的习惯和品质。<u>其中，最重要的习惯便是反思，通过反思让每一天的收获都沉淀下来，保持开放的心态，不断调整学习的方向。</u>作为高考的过来人，希望能够通过这篇文章，帮助正在阅读的你少走一些弯路。祝愿每一位学弟、学妹在努力之后，都能够听到梦想花开的声音。

张 娇

如果你，也像我一样不甘现状

毕业院校：安徽省阜阳市太和中学
录取院系：北京大学马克思主义学院
高考成绩：652 分（文科，2018 年）

"不乱于心,不困于情。不畏将来,不念过往。如此,安好!"

——丰子恺

一、我们并非横空出世,而是家人在奋力托举

提起高中生活与高考,我最先想到的不是闷热的教室,不是一摞摞复习资料,不是无数挑灯夜读的深夜,不是试卷上的分数,而是陪伴在我身边的人们。高考,你绝不是一个人在奋斗,除了陪你在教室内读书的老师和同学之外,你的身后还有疼你、爱你的家人。

(一)成绩是次要的,先要学会正确评估自己

从某种意义上讲,高考既是对一名学生十几年学习成果和整体素质的检验,也是对学生家长的一次考核。家长营造了怎样的家庭氛围?父母之间、父母与子女之间的关系是否融洽?家长有怎样的价值观?家长以怎样的方式理解、关爱和支持子女?这些对于高中的学生来说,都是至关重要的。

感谢父母,让我树立了正确的价值观。从小学到大学,我的父母一次也没有问过我的成绩,往往是我将成绩主动告诉他们。我知道,父母对我的期望并不低,但是为了避免给我带来沉重的压力,他们从未通过言语表达出来。相对于我的成绩,他们更看重的是我的价值观与良好的品德的培养。他们会告诉我:成绩并非是衡量一切的标准,做人要先学会正确评估自己;没人会因为一场考试的成绩而否定我,成绩仅仅是一个数字而已,而正确的价值观和良好的品德才是支撑我成长、成才的根本动力。在高中,成绩可能暂时会成为衡量人的学习能力最直接的标尺,但这个社会并非如此,一个人的价值观、品德则更为重要。

感谢父母为我创造了良好的家庭氛围,他们并非仅仅扮演了父母

这一重要角色，还扮演着优秀的服务员、勤劳的清洁工等角色。高考当前，他们总是最大化地承担着责任，履行着义务。在社会上，我的父母不仅要承担家庭的经济负担，还要处理各种错综复杂的人际关系，承担着中年人需要承担的巨大压力。我知道，他们难免会产生一些不良的情绪，但是他们从不将负面的情绪传递给我，始终以温暖的亲情向我传递一份浓浓的关爱。我能感受到的，始终是可口的饭菜、干净舒适的衣物、父母的笑容。在这样的情况下，我就能尽可能减少干扰，全身心地投入学习生活。

（二）高考前，母亲送我的最后一顿饭

高中时光，一年四季，一日三餐，母亲可口的饭菜从不曾缺席。

高中的时候，我家离学校很远，来回需要30分钟以上的车程。为了节省时间，我每天中午选择在学校宿舍休息，晚上的时候回家住。我的这一选择为自己带来了便利，但是为父母带来了麻烦。母亲担心我吃不惯学校的饭菜，每天为我送午饭和晚饭，每天夜里需要等到我下晚自习之后接我回家，第二天早晨需要比我起得更早，为我做早餐，送我去学校。

不知道从什么时候开始，吃饭成为一种期待。与放学铃声准时到来的，是母亲做的可口的饭菜，不管是荤是素，是煎是煮，每一道饭菜都凝聚了父母对我的关心。我一直不喜欢雨雪天，因为我明白，这意味着父母又要顶着雨雪为我送来饭菜，尽管他们一直将所有的付出看作理所应当。

高考前一天的晚上，正当我津津有味地吃着晚饭的时候，母亲不经意地说道："这是高考前我给你送的最后一顿饭了。"这句话看似漫不经心，却凝聚着3年的艰辛。一年四季，一日三餐，食材从购买到制作，再到打包，没有一步不是经由父母之手。3年来，我坐在温暖的教室里，从未体验过路上的风雨和潜在的危险。所有这些，都是父母一直在默默付出。或许在高考奋战的路上你会感到孤独，但请相信，你绝非一个人在战斗，家人永远在你的身后。

（三）考场门口的爷爷

高考前，我一直忙于学习，忽视了家里的老人，考前几个月一直没有抽出时间去看望爷爷奶奶。考完英语的那天下午，我刚从考场走出来，就看到爷爷站在考点门口，张望着我的身影。爷爷的身体虽然非常健朗，但阳光下的身影已经不再像印象中那么稳如泰山了。

爷爷见我的第一句话就是："孙女，辛苦啦！高考之前我一直想去见你，给你鼓气，但是又怕给你压力，打乱你的学习节奏，所以一直没去见你。"这哪里是我在高考，简直是一家人陪我高考。我的高考使一家老小都变得异常敏感，他们生怕一举一动会打扰到我，生怕给我带来哪怕一丁点儿的压力。辛苦的从来不是我，而是我的家人。我们并非横空出世，而是家人在奋力托举。

二、感谢逆袭路上咬紧牙关的自己

（一）逆袭从不会为时已晚

我大概是老师和同学公认的逆袭成功的一名学生了。现在我回忆起高中生活，不仅会佩服自己当时的魄力，还会感激当时咬紧牙关坚持的自己。

关于逆袭这件事的起源，需要追溯到我的初中。初中时，我是一名典型的"好学生中的坏学生"。我的初中是一所非常注重素质教育的学校，课外活动非常丰富，爱玩的我在这样的校园环境中是"如鱼得水"，以课外活动为主业，以学习为副业。但幸运的是，初中的我稳居班级第 1 名。

初中 3 年一路顺风顺水的我，在进入高中的时候还骄傲地以为，不管自己如何玩，肯定还能保持一个非常不错的成绩。面对高中紧凑的学习节奏，巨大的学业压力、严明的班级纪律，让一贯懒散的我感到了极度的不适应。但我不仅没有主动去适应高中生活，反而仍旧活在轻松愉快的初中学习状态里。早晨屡屡迟到、上课狂打瞌睡、课下仍旧疯玩……很快，月考成绩给了我当头一棒。看成绩单之前，我还是自我感觉良好的，但是班级成绩排名让我不敢相信自己的眼睛。在班里 50 名同学中，我排在倒数 10 名里。尽管觉得羞耻，我仍旧没有主动做出任何改变。就这样，我浑浑噩噩地度过了自己的高一生活，妥妥地作为一名差生存在着。

我已经忘记自己想要做出改变的原因。可能是因为羞耻，自己再也不敢在初中同学面前谈及成绩；可能是因为不甘心，我不愿让自己的排名总是在倒数徘徊；可能是因为惭愧，我再也无法心安理得地接受父母无微不至的关心；也可能是因为期待，我对大学生活、对自己的未来始终抱有无限的期待……总之，我下决心做出改变。

高二的我仿佛换了一个人。那个经常迟到的人不见了，反而成为班里每天早晨来的最早的学生；那个上课常打瞌睡的人不见了，反而成为与老师互动最多的学生；那个因为纪律问题进老师办公室的人不见了，反而成为最常去老师办公室问问题的学生；那个懒惰的人不见了，反而成为班里最勤奋的学生。

当然，人不是学习的机器，我会把每周六晚上作为一个调节的时间，去看电影、吃美食、购物、与父母散步，或者早早入睡。可能会有人问我累不累，我诚实地回答，一点都不累。我相信，当我们目标明确、态度坚定的时候，脚踏实地的安心、进步时的欣慰、父母的肯定足以消解所有的疲惫与挫败。

从决定努力的那一天开始，每一个进步都是一种鼓励，尽管这种进步可能渺小到能够解答一道之前毫无思路的题目。高二上学期，我的成绩排名一路上升，到了高二下学期，我取得了高中生涯中首次年级第 1 名，这也是我唯一记住的取得年级第 1 名的经历。初中的我一直将取得好成绩认为是轻而易举的事情，但只有真正付出之后才明白，哪怕是微小的一个荣誉都来之不易。如果你不满足现状，那就从现在开始努力，逆袭从不会为时已晚。

（二）目标要高，行动要低

北京大学一直是我心中美好的期待，是我梦寐以求的目标。幸运的是，我实现了这个看似遥不可及的目标。

在我高二的时候，我们学校安排学生参加了一个卓越领袖特训营。我至今仍旧记得参加特训营的那两天，阳光很好，一场特训营下来我们每个人的皮肤都黑了一个色度。两天的时间排满了丰富充实且有意义的活动，其中我印象最深刻的，便是喊出自己的目标院校的这个项目。每位小组成员轮流站到组员围成的圆圈中心，闭上双眼大声喊出自己的目标院校，大声喊出自己能够实现目标的决心，直到别的组员能感受到你的决心并站起为你鼓掌的时候，你才能停下。

尽管我的性格非常开朗，但是真正站到众人中间大声喊出自己的目标院校时，我有些怯场。我怕大家嘲笑我的目标不切实际，怕大家觉得从我口中喊出中国最高学府的名字是一种玩笑，也怕自己的能力与目标院校不匹配。但转念一想，如果自己连将目标院校说出口的勇气都没有，连自己都不能相信自己，还谈什么实现目标呢？于是，我坚定地站到圆圈中心，闭上双眼，大声喊出了自己心中的目标院校，大声喊出了自己的豪言壮志，一遍又一遍，终于等来了大家的掌声。

喊出来，说给别人听，更是说给自己听。目标是动力，但同时也是压力，过高的目标会让人对自己产生怀疑。我曾将顾虑说给班主任听，班主任让我在纸上写下"脚踏实地"四个字来时刻提醒自己。班主任告诉我，他很喜欢"水到渠成"这个成语，水流到之后便有渠道，即功到自然成。将目标放在心中，而非放在眼前，因为路还长。将目光转移到当下，点滴的进步将会汇聚成通往目标的路。

（三）爱笑的人运气都不会太差

认识我的人都知道，我是一个活泼好动、大大咧咧的女孩子。尽管逆袭之路走得十分艰难，但我从未吝啬过笑声。不可否认的是，我的心态并不总是乐观的，我也曾经消沉过，所幸，我及时地大哭了一场。"状态"是一个非常微妙的东西。有时考试有如神助，状态极佳；有时考试不在状态，大脑"一团糨糊"。短暂的状态波动是非常正常的，但在高三上学期，我经历了3个月的低谷期，那应该是我整个高三最黑暗的时期了。

我一直不认为成绩差是一件令人绝望的事情，只有在自己百般努力之后成绩仍旧毫无起色才是绝望的事情。我尝试着用积累、反思来突破自己的低谷期，但成绩不仅没有起色，甚至还出现了一次比一次更差的情况。一次课间休息，我到政治老师办公室去问问题，同时也想和政治老师交流一下自己最近的状态问题。政治老师是一名和蔼、善解人意的女老师，她也看出了我最近的情绪波动。和政治老师交流的时候，3个月以来的无助、绝望、失落、消沉、压力一股脑地涌上心头，我竟然在办公室里大哭起来，眼泪怎么也止不住。历史老师见我哭得太过伤心，忙跑来安慰，一米八的大个子安慰人的样子现在想来也是让人温暖的。自从我哭了这一场后，尽管成绩在短期内还是没有立即提升，但是我变得非常乐观，目标坚定且步履踏实，心态上再也没有出现过大的波动。

高考是一场心态战，保持积极健康的心态是制胜的关键。高中的时候，我常常写日记，将自己的喜、怒、哀、乐全都塞进日记本里；我常常和父母谈心，不经意的一个玩笑便可以释放无尽的压力；我也会向老师倾诉，老师是能说进你心坎里的人，如果能在老师怀里大哭一场，那应该算是高中宝贵的回忆之一了。

（四）让优秀成为一种习惯

曾有学弟、学妹找我倾诉，说自己的学习动力是阶段性的，一段时间像打了鸡血一样，对学习无比热情；但过了这段时间便觉得学习十分枯燥。所以他们问我，究竟持续努力学习的动力何在呢？

我的动力是成绩与名次吗？不是，成绩与名词只是一个数字，并没有太大的实际意义。我的动力是父母吗？不是，父母常说，学习是为了自己，而不是为了他们。我的动力是老师的夸奖吗？不是，高中老师的一大特点在于不看重成绩，而看重学习态度。我的动力是奖学金吗？不是，我明白奖学金对于人生而言，只是极其微小的一个奖励而已。那么，我为什么要持续努力的学习呢？

因为优秀已经成为我的一种习惯。一段文字，我习惯将其写得工工整整、赏心悦目；一篇作文，我习惯将其打磨得文采飞扬，论证深刻；一道题目，我习惯将其融会贯通，举一反三；一张试卷，我习惯将失误率降到最低，不犯重错；一本课本，我习惯将其从头到尾梳理一遍，逐个总结出知识点；一个章节，我习惯建立知识框架，进行宏观把握……当认真成为一种习惯，细致成为一种习惯，努力成为一种习惯，优秀成为一种习惯，你会发现优秀其实很简单，而松懈很难。因为认真、细致、努力、优秀已经成为你生活的一部分，你自然而然地就会去抵制自己的粗心、懈怠。有明确的支撑自己学习的动力是好的，但是如果没有这样一个明确的动力，也不必冥思苦想，让优秀成为一种习惯，成为你学习生活中不可割舍的一部分。

三、初中、高中学习干货分享

我始终相信，经验本身是普遍性与特殊性的统一，适合我的学习经验并非适合每个人。因此，我希望大家仅仅将我的经验分享作为一个参考，从中吸收具有普遍性的地方，同时找到适合自己的、独一无二的学习方式。

第一，身体是革命的本钱。健康，我想将其放在第一位。高中的学习状态非常紧张，学习的节奏也非常紧凑，如果没有良好的身体状态作为支撑，繁重的学习压力很可能让人喘不过气来。我的高中学校是非常注重学生的身体素质的，每天晚上都会安排跑步，班主任更是"自作主张"地从我们晨读的时间里抽出30分钟，让我们用于晨练。

但尽管如此，我还是在高中的时候吃了健康的亏。我从高二下学期开始经常发烧，高三的时候发烧的次数更加频繁。在距离高考还剩80天时，我开始持续性地发烧，低烧不退，发烧的时间竟然持续了1个月之久。当我终于从发烧的状态中摆脱出来的时候，猛然发现，距离高考只剩50天了。时不我待，但在过去的30天里，除了身体上的不适、精神上的恍惚，在学校、医院和家之间来回奔波之外，我的学习生活几乎为零。因此，保证良好的生活习惯与节奏，是高效学习的前提。

第二，做一名听话且有个性的学生。相信大家一定听过很多关于"学神"的传奇故事：每天迟到的是他，课上为了完成自己的学习安排而不听讲的是他，打瞌睡最多的是他，放学离开教室最早的是他，但每次年级第1名的还是他。高中的时候我时而感叹，如果我能将高中生活过得像"学神"那般该有多好！但在绝大多数情况下，我相信，做一名听话的学生更能让我觉得踏实。"听话"是建立在对老师的高度信任上的。每位高中教师都是对学生高度负责的，都是有丰富教学经验的，都是怀着高度的从教热情的，都是有独特的学科体系的，也都是有着高效解题方略的。所以跟着老师的脚步走，一步一个脚印，打好牢固的学科基础，这样非常稳妥，毕竟老师的教学模式适用于班里的绝大多数学生。但同时学生也要制订一套适合自己的学习方案，这样执行起来是事半功倍的。因此，大家要做一名听话且有个性的学生，将老师的教学作为"安全网"，将自己的安排作为"梯子"。

第三，字是一个人的门面。毫不夸张地说，书写与卷面是影响分数的重要因素。学生与阅卷老师唯一的沟通方式便是文字。我们的任何想法，都需要转化为文字，对阅卷老师进行转达。在阅卷速度较快的情况下，卷面整洁与卷面脏乱所取得的分数是有很大差别的。那么，我们如何才能写出一手令人赏心悦目的好字呢？书写水平的提升需要多长时间呢？字是靠练出来的。初级阶段建议描摹字帖，不必追求速度，而是追求质量，仔细观察字形结构，掌握书写的章法；中级阶段是摆脱描摹，放慢速度书写；高级阶段是在较快的速度下和紧张的考试环境中保证自己的卷面整洁、书写美观。建议每天留出30分钟进行练字。一般3个星期就可以看到英文练字的效果，而汉字书写则需要半个学期甚至更长的时间。这仅仅是就提升而言，如果要保持效果，练字需要持续3年。文科生可能深有体会，文综试题不是会不会的问题，而是没时间写。因此，只有保持练字的手感，才能在书写速度较快的情况下保证书写的美观。

第四，微观深入，宏观把握。所谓微观深入，就是打好基础。课本是尤其需要重视的资源。如何才能真正地重视课本、深入挖掘课本呢？以语文为例。例如，一篇文言文《赤壁赋》，你需要反思的是，你是否能够做到流利背诵，准确无误地默写？你是否对于原文中每一个字词都能做到准确无误地翻译？你是否从中总结出了一些文言文句式？你是否理解了苏轼在这篇文章中的情感变化？文中的句子能否用到作文当中？又如，一篇散文《荷塘月色》，你是否了解朱自清写这篇文章的背景？你是否尝试自行赏析过文中用得非常精妙的字词、手法、句子？你是否总结出了散文常用的抒情手法、描写手法、表达方式等？如果在考场上遇到这篇文章，你该如何全面地分析、作答？这篇散文的作者还有哪些代表作？作者还有哪些经历可以用作作文素材……值得反思的问题有很多，值得深入挖掘的问题也有很多。有的同学可能会觉得这些工作烦琐而枯燥，但是真正挖掘、钻研的过程是非常有趣和有价值的。

我在高一的时候持有这样的观点，语文课本与语文考试严重脱节，对语文成绩的提升毫无作用，不如将语文课改成"补觉课""放松课"，反正语文课本也是一片空白。很快我的语文成绩就成为班里的倒数。到了高二的时候，我无意中发现，我前排的同学会对每一篇课本上的文章进行深入地反思，也会将基础知识和重点知识记到笔记本上。我深受触动，学着他进行了反思。在反思的过程中，我意识到这个过程并没有自己想象中那么枯燥和乏味，语文课本也绝不空洞，我逐渐爱上了这种反思的感觉。高三的时候，我一直保持着对语文课本反复地研读和思考，加上课外的积累，我的语文成绩一直稳定在班级前列。

在这里我还想强调一下基础题的重要性。高考 80% 的题目都是难度较低的基础题，只有 20% 是提升题，而这 20% 的提升题也是建立在低难度的基础题之上的。有的同学在没有好好做基础题的情况下，就急于做难题，这其实是舍本逐末、本末倒置。应该将基础题放在一个重要的位置，再去钻研难题，进一步增强做题的能力。

所谓宏观把握，就是把握知识的体系框架，站在一定的高度上答题。如果对于知识只是停留在细碎的知识点的层面，而非体系框架的层面，那么你对知识的掌握就只能是碎片化的，而非整体性的；如果对于题目只是停留在题目的层面，而非站在一定的高度上审视、解答题目，那么你对题目的思考也只能是肤浅的。如何才能在脑海中建立起完整的知识体系呢？你需要做的是将基础知识、知识框架、考核内容三个要素进行衔接。

第五，阶段把握，规划明确。高中的一大特点就在于鲜明的阶段性，老师在不同的阶段讲着不同的教学内容，学生在不同的阶段也需要有不同的学习侧重、学习方式，以适应不同时期的能力培养目标。

在高一、高二时，我们往往以新课学习为主，这一阶段的能力培养目标就是打好基础，为后期的提升做储备。这个时期，我们的基础知识储备还严重不足，所以会遇到做题吃力的情况，这些都是非常正常的。在这一阶段，我们需要做的就是尽可能牢固地掌握基础知识，诸如对教材内容的研读、做题量的积累、知识的理解与记忆、词汇量的积累、句型句式的背诵等。要紧跟老师的步伐，一步一个脚印，切忌好高骛远、急于求成。在高二的后半段和高三的前半段，就会进入一轮复习。所谓一轮复习就是对教材的基础知识进行一次全面的排查。这个阶段之所以重要,是因为高考是非常注重基础知识考查的。在这个阶段,我们需要做的就是挤出自己学习过程中的水分,建立知识体系与框架,同时扩大做题量,熟悉各种题型的考核方式。

最后一个阶段就是二轮复习和三轮复习阶段,这一阶段的主题就是将自己熟练掌握的基础知识、建立的知识框架熟练运用于考试当中,将知识点转化为得分点,降低失误率,注重对于题型本身的反思与总结。

四、全国卷高考英语满分经验分享

我并非从小就受到了良好的英语教育的熏陶。我的家乡是皖北的一座小县城,初中之前我就读于一所农村小学,初中时才到县城去上学。毫不夸张地说,我在初中之前是连26个英文字母都认不全的。后来我通过努力,实现了在难度较大的英语高考中取得了满分。下面我将自己学习英语的经验分享给大家。

(一) 树立信心

高中的时候,英语老师让我们每个人将自己设立的英语高考目标写在一张纸条上。当时我写的是145分以上。事实证明,我实现了自己的目标,英语是完全能够做到满分的,大家一定要有取得高分的信心。

(二) 词、句是基础

词,就是词汇量。一是对考纲范围内词汇量的扎实掌握。当时高考考纲范围是3 500个英语单词,我反反复复背了十几遍。高中课本的词汇相对于初中的词汇来说,发音和拼写的难度都大了很多。在新课学习的过程中,我们需要做的就是反复背诵,争取默写不出错。二是对于课外词汇的积累。高中的时候我的词汇量就早已经达到了英语六级的水平。其实也没必要有意购买一本六级词汇去背诵，因为时间相对紧张。我们需要做的就是及时地将自己在做题过程中遇到的不熟悉的英语单词记到英语单词本上。当然，不是将它们记到英语单词本上就万事大吉了，还需要在空闲时多翻几遍，对词义要有印象。在高中阶段，厚厚的英语单词本，我竟然记了2本，词汇量得到了充分的扩充，阅读的难度也降低了很多。三是注意熟词生义的现象。有些单词尽管我们很熟悉，但是往往会忽视它们不常使用的意思。例如，"arch"有"拱门、拱形"的意思，在一次完形填空中便考到了它作为动词的意思，形象地描绘出了彩虹"形成拱形"的过程。四是对词汇用法的积累，诸如动词短语、介词短语、动词固定搭配等，这些语法知识都需要我们不断地积累。

句，就是句子。一是对教材经典句子的背诵。教材是非常权威、非常有借鉴意义的，出现在教材里面的句子都是非常经典的。背诵教材的句子，不仅能够积累作文素材，同时对于我们口语、语感的提升也是很有帮助的。二是对句子语法知识的积累。诸如主语从句、宾语从句、定语从句、表语从句、同位语从句等，这些语法知识本身都是成体系的，我们需要做到的是建立全面的知识体系。只有对句型语法知识有了深入的掌握，我们在短文改错、语法填空、作文等题型中才能够做到出彩。

(三) 分题型讲解

第一，听力。做听力最重要的就是专心。听力是英语试卷中的第一道大题。做第一题的状态对整场考试都有非常大的影响，如果不能立即进入考试的状态，很可能会漏听要点。这就要求我们在平时的练习中尽可能地做到专注、细致。在考场上，当老师发下试卷之后，往往有5分钟左右浏览的时间，大家要抓住这个关键的时间浏览听力题目，尤其是前面5小题。熟悉听力题目，我们才能尽量降低失误率。

第二，阅读理解和"七选五"。现在分题型讲解其实是建立在刚才所说的词、句的基础之上的，阅读理解和"七选五"更是这样。如果没有词汇量的积累和对句型的理解，我们就不可能读懂一篇文章。因此，打好词汇、句型的基础是前提。关于做题顺序，究竟是先读题目还是先读文章？我个人更倾向于先将文章通读一遍。很多阅读理解题答案的选择是建立在对文章综合性理解之上的，需要我们先读文章，对文章有一个综合性的把握。如果没有十足的把握，一定不要修改之前选择的答案，而是回到原文核对答案。我在高考考场上，最后用来检查答案的时间已经不多了，只有5分钟，我还有2道拿不准的阅读理解题。当时我努力保持稳定的心态，回到原文反复阅读，最终敲定了2道题的正确答案，并取得了满分的好成绩。

第三，完形填空。完形填空算是我的弱项，在高一的时候，20道题目我甚至能错7道。后来，我每隔1天就给自己留出20分钟做1道完形填空。同时，比做题目更重要的是，在核对答案之后进行反思。这样做了差不多2个月，我的完形填空就已经有了质的提升，错误量能够控制在3道题以内。但是，从错3道题到全对，又是一个难爬的台阶。这个时候就需要培养固定的解题思维，诸如对照原文、理解并积累熟词生义、寻找固定搭配等。

第四，语法填空和改错。语法填空和改错是试卷上直接考核语法知识的题型，是容易拿满分的题型，也是容易丢分的题型。语法知识的考核点相对固定，这也就意味着，如果多掌握一个知识点，就有更大的概率得满分；如果多吸收了一道错题，就能多做对一道题。因此，错题本就显得至关重要。对于英语错题本，我们不能仅仅将反思局限在一道题的范围内，而应该将其引申到一个知识点的范围内。例如，这道题考核的是定语从句的连接词，如果你做错了，你应该做的是将定语从句的连接词从头到尾反思一遍，如果你学有余力，甚至可以将主语从句、宾语从句等连接词都梳理一遍并进行辨析。同时，如果想将错题本的功能发挥到极致，就需要时常回顾错题，每天抽出课下的2分钟回顾2道错题，久而久之，知识就能融会贯通了。

第五，作文。一是整洁的卷面和美观的书写，这是前提。在流水线式的阅卷过程中，如果想要让你的作文脱颖而出，优先需要的就是令人赏心悦目的书写，且尽量杜绝任何修改。这一点可能很难，但是如果在平时就严格要求自己，这在高考中是可以做到的。二是低级错误要避免。英语作文阅卷是分等级的，由高分至低分，一共分为五等，每个等级之间至少有5分的差距。如果你犯了诸如英语单词拼写等低级错误，这就意味着，你在阅卷老师的心中已经被列入后等了，失分便会非常严重。三是高级词汇、高级句式的运用。什么是高级词汇呢？一般来说，后学的比先学的词汇要相对高级一些，另外，用相对地道的英语短语来代替英语单词又会显得高级很多。高级句式的运用是建立在对于语法知识的熟练掌握基础之上的，诸如主语从句、宾语从句、倒装句、强调句型、独立主格句型等。四是学会地道的英语表达方式。诸如谚语的引用、被动句的使用等，这些都会使你的英语表述更加地道。五是关联词的使用。一篇英语作文并非是高级句式的堆砌，关联词的使用则会使这篇作文更加连贯和流畅，一气呵成。六是学会打作文草稿，列出逻辑框架、想要使用的句型句式。如果时间充足，可以先写出作文，再进行修改，然后誊写到答题卡上。

五、一生一世"北大人"

（一）吃喝玩乐在北大

高中的时候，老师常常说："等你们到了大学就彻底自由了。"这句话是真的，请满怀期待。

我想先介绍一下北京大学的饮食条件。很多北京大学的同学都会出现这样一种情况：入学的时候是很苗条的，放假回家却带着一身的肉回去；假期返校之前又瘦了下来，但回到学校之后就又胖了回去，如此循环。我便是其中一例。早餐，是松林包子铺的鲜肉包、热豆奶，或是艺园二楼自助早餐的雪媚娘、华夫饼、虾饺、热馄饨，或是学一食堂的豆花、炸油饼、荠菜肉末包，或是学五食堂的热干面，等等。无论是什么吃食，热腾腾的早餐绝对能开启活力满满的一天。午饭和晚饭则更加令人目不暇接，是勺园的麻辣香锅、黄焖鸡米饭，或是学五食堂的香辣鸡腿饭、干煸仔鸡饭、藤椒肉片饭，或是燕南食堂的油泼面、杂粮煎饼，或是农园的铁板套餐，等等。夜宵更是多种多样，学一食堂、学五食堂里陈列着各种美食，艺园二楼的烧烤和油炸食品，总能馋得我口水直流。晚课结束后，与好友一起吃一顿夜宵，一天的疲惫也就烟消云散了。除此之外，餐饮中心推出的糕点也是颜值与美味的结合体。如果你也是个吃货的话，那么北京大学的食堂一定能够满足你所有的幻想！

在北京大学，玩的过程便是能力培养的过程。大学不仅是学习的地方，也是能力培养的一个平台，更是走向社会的一个台阶。相信大家一定对北京大学的"百团大战"有所耳闻。每年的9月底，社团在百周年纪念讲堂前面的三角地摆摊招新。爱运动，我们有问鼎珠穆朗玛峰的山鹰社、游遍五湖四海的车协、文武兼通的武协和散打社、紧追潮流的风雷街舞社等；爱文学，我们有此间杂志社、"我们"杂志社等，在这里你可以与文学大家交流切磋，给你书写的机会与平台；爱艺术，我们有书画社、京剧社、古典乐器协会、吉他协会、手风琴协会等；爱小动物，我们有关爱流浪猫协会；有爱心，我们有爱心社、青年志愿者协会等社团与组织……只要你有热爱的事物，或是有意培养一个兴趣爱好，就可以选择一个平台，找到志同道合的小伙伴！

我在大学期间加入了几个社团。首当其冲的就是爱心社，我加入的是儿童部，在第二个学期成为北京大学幼儿园项目的活动负责人，每周组织并带领志愿者到北京大学幼儿园特教班里去关心那些患有自闭症、多动症的儿童，以及智力发育迟缓的儿童，和他们一起做游戏、唱《问好歌》，一起学习，一起做手工。他们天真无邪的笑容常常让我忘记他们本身是有所谓"缺陷"的孩子。我还加入了书画社，每周六晚上到古朴的文史楼和大家一起写书法，篆书、隶书、楷书均有涉猎，尽管并不精通，但我和小伙伴们可以一起进步。每次写书法的时候，心极静，一周之内所有的烦恼烟消云散，氤氲的只有书墨芳香。另外，我还在大二的时候加入了国旗护卫队，成为国旗护卫队的一员。国旗护卫队相比别的社团来说，荣誉更多，但训练时的辛苦也更多，诸如站军姿时的双腿麻木、训练队列动作时的重复枯燥等。但是，队员之间的相互关心让我们觉得彼此是一个集体，当看到国旗飘扬在校园上空的时候，所有的付出都值得了，所有的劳累也都烟消云散了。加入不同的社团，我有不同的收获与成长。你的社团经历，也等你去探索。

另外，必须要谈及的是校园的美景了。北京大学不仅是全国最高学府，校园风景也是全国一流。谈到北京大学的标志性建筑，马上会有人想到"一塔湖图"、百周年纪念讲堂、北京大学西门、华表等，但是到了北京大学之后，我才发现，校园之中处处是美景，每一帧都可以美丽到静止。例如，未名湖边的四斋，有着古香古色的雕梁、木柱、瓦当、石阶，以及中国传统的门窗结构，既继承了中国传统四合院的衣钵，又明显带有西方文化的痕迹。我常常在图书馆学习，累了的时候便去未名湖畔走一走，看一看湖中嬉戏的鸭子，坐在石舫上思考，等待博雅塔亮灯……校园内没有车水马龙的喧嚣，只有阳光透过树叶斑斑点点地洒在小路上的安静，到处飘扬着花草的香味。我第一次来北京的时候，就到了北京大学和清华大学，北京大学给我一种熟悉之感。行走在北京大学校园里，古色古香的建筑、园林式的校园，还有那些古典院落，处处都令我着迷。那时我便坚定了来北京大学读书的决心。

● 北京大学校园一角

(二) 学习、科研在北大

高中的时候，老师也常常说："等你们到了大学就轻松了。"这句话是假的，请珍惜高中学习的"轻松"时光。北京大学，这里有你能想象的和无法想象的学术资源。

从师资队伍来看，在北京大学，你可以聆听世界顶级的大师授课，与世界顶尖的大师交流；从科研机构来看，北京大学现在拥有31个国家级研究机构、93个省部级研究机构、19个校地校企共建机构，科研成果丰硕；从学科体系来看，北京大学下设8大学部，11个学科门类，涵盖48个本科专业门类，开办了125个本科专业。从日常的学习生活体验来看，北京大学以发现和探究为中心，实施导师制、本科生科研项目、实验与实践课程和拔尖学生培养试验计划等，鼓励教师参与本科生"小班课教学"改革、利用慕课等形式开展"翻转课堂"教学探索，激发学生获取新知、探索未知的潜能。此外，学校独立开设实验课程，向本科生开放科研实验室，建设"北京大学创业训练营"，改造教学楼公共空间、图书馆、校内公共区域，增加互动讨论区、交流活动区，促进师生交流。

在我的学习生活中，印象深刻的就是参与课题组研究工作。2019年暑期，我参与了本科生涯中的第一个课题组研究项目，即教育部人文社会科学重大课题委托项目"人类命运共同体问题与理论研究"。当时，我还是大一的学生，知识基础不够扎实，理解反思能力也不足，但是仍旧抱着锻炼学术能力的想法，鼓起勇气加入了课题组。可想而知，对于学术能力不成熟的我来说，课题组的压力是非常大的，课题学习也非常辛苦。因为时间紧迫，我常常需要阅读文献到凌晨3点。其间，我遇到了很多学术上的问题，老师、学长、学姐也非常耐心地向我解答。最终，我顺利地完成了课题组的任务，贡献出了自己的一分力量。

到了大二上学期，虽然学业任务非常繁忙，我还是加入了马克思主义学院本硕博联合课题组。马克思主义学院是非常注重学生的自我学习能力的，自组织，自成才。课题组六位成员，除了我是一名本科二年级的学生之外，其余的全都是硕士生和博士生。尽管学历差距较大，但是课题组的任务安排并没有太大差别，我承担着和硕博学长、学姐一样的课题任务，常常需要与学术能力非常强的学长、学姐，甚至老师一起分析文本、分析学术问题。这无疑是对我学术能力的一次极大锻炼。我在繁忙的学业中挤出时间钻研课题，珍惜每一次与学长、学姐交流和磋商的机会，学术能力有了很大的提升。幸运的是，课题组研究工作并没有对我的学业造成不利的影响，学术能力的提升形成正向的反馈，又促进了我学业的进步。课题组的经历真的是"痛并快乐着"，身处其中的时候可能会觉得疲惫、艰难与挫败，但是当我回过头来审视这段经历的时候，就会发现，每一分努力都没有白白付出，每一个想法都在闪闪发光。

（三）校园底蕴，北大的人文情怀

校园文化不仅是北京大学的风骨，还是北京大学的生命。在这样的校园中学习，校园文化便成为每一位"北大人"的生命。

北京大学前任校长林建华曾说:"当初,你选择了北京大学,北京大学选择了你,那是一个激动人心的选择,从那时起,我们就拥有了共同的情怀。"百廿星辰,巍巍北京大学;巍巍上庠,国运所系。从沙滩红楼到未名湖畔,从改革开放到新时代,北京大学师生"眼底未名水,胸中黄河月"的家国情怀生生不息。或许,北京大学从来不只是一所学校,她是几代知识分子的精神家园,是人们心中的图腾,寄托着民族的未来和希望,在这里,草地、湖水、山石、垂柳,都承载着动人的故事,润泽着一代人的青春梦想。北京大学是五四运动的策源地,北京大学是五四运动重要的历史见证者和精神传承者,五四运动奠定了北京大学的精神底蕴。北京大学学风勤奋、严谨、求实、创新。说勤奋,战争年代的北京大学学子在炮火和硝烟中笔耕不辍,和平年代的图书馆、实验室中依然是"北大人"忙碌的身影;论严谨,文史学科辨章学术、考镜源流,理工学科精益求精、锱铢必较;讲求实,费孝通深入江村开展社会调查,马寅初校长"单枪匹马"坚持"新人口论"风采犹存;谈创新,北京大学一直在持续改革中前进,引领着中国高等教育的进步,培养着"引领未来的人"。长期以来,北京大学始终与中国和中国人民共命运,与时代和社会同前进。

身处这样的校园文化的"北大人",也深深浸染了北京大学的情怀。"北大人"在北京大学的意义,在于谦恭地认同并吸纳她的深厚传统,认真接受并体验她教给你的中西思想与经典,愿意在她的怀抱中变成一个会独立思考、能担当起自己和祖国的命运的成熟的人,在国际化潮流中保持自己的尊严。我有幸在马克思主义在中国传播的发源地学习钻研这门严谨、深邃的学科,也希望在未来能坚守自己的学术之路,在这门学问中提炼出学术理想与精神品格,凝聚出自己对学术的思考,向学界展示自己作为一名"北大人"的学术担当。

随笔感悟

  偶尔觉得高中生活稀松平常，但就像平静的水面上总有几朵水花不甘地打着褶，或咕噜咕噜地鼓着泡，总有一些珍贵的回忆是无法平铺在光滑的纸面上的，这便是高中生活的珍贵与幸运之所在。

  <u>我们都能找到一个"点"，由此站定。这个"点"便是奋力托举我们的家人。站定之后，我们不再顾虑重重，不再畏首畏尾，而是感到自己愈加从容，看到前行之路愈加明晰。</u>于是时光疾走，逆袭路上的我们希冀着旧我，也突破着旧我，这将永远是成长路上无法割舍的一部分。

如果你，也像我一样不甘现状